戦国、まずい飯!

黒澤はゆま
Kurosawa Hayuma

インターナショナル新書 048

はじめに

「あれ食べてみたい」

ブラウン管を指さしてそう母親に言ったのは何年前のことだろう。

その時、テレビに映っていたのが『独眼竜政宗《まさむね》』で、渡辺謙扮する伊達《だて》政宗が、お椀から湯漬けを、豪快に掻《か》き込んでいたのを覚えている。

私が歴史に興味を持つようになったきっかけがこの一九八七年に大ヒットしたNHK大河ドラマにあるのは間違いない。それから、当時流行っていた学習研究社の「学研まんが人物日本史」シリーズを買ってもらい、むさぼるように読んだ。

『織田信長』
『豊臣秀吉』
『徳川家康』

『武田信玄と上杉謙信』

平安時代の貴族や、明治維新の志士の話も面白かったが、やっぱりいちばん好きなのは戦国時代の武将の話だった。日夜、死を恐れず闘う男たちの物語は、隣の席のいじめっ子のげんこつにおびえる小学生にとって、とにかくかっこよく、面白かった。

ただ、それは、その年頃の男の子にありがちな、プリミティブな「強さ」への単純でまだ洗練されていない憧れと、不可分なものだったと思う。そして、彼らが食べているものを食べてみることが、憧れている「強さ」を自分に取り込むための手っ取り早い手段のように思えた。

母親は苦笑しながら、炊飯ジャーからお椀にごはんをよそい、それにお湯をぶっかけた。

水っぽい。

味がしない。

正直、食えたもんじゃない。

それでも、その食べ難《がた》さこそが、自分が「強さ」へ近づいている証拠のような気がして、とても嬉しかったことを覚えている。

『独眼竜政宗』はものを食べるシーンの多いドラマで、その後も、食べ物が映る度に「あれが食べたい」「これが食べたい」と言っては、母親を困らせた。

ブラウン管に映るものを見て近いものは何かをそれなりに考えて出してくれていたのだろうが、今思えば、母親が出してくれたものは、的外れなものが多かった。

例えば、干し魚みたいなものを食べているシーンの時に、母親が出してくれたのはアジの味醂《みりん》干しだった。

味醂の起源には諸説あるが、戦国時代、大変な高級品だったことは間違いない。調味料として使われるよりは、現代の高級ワインのように、大切に飲まれることの方が多かったようだ。

ところで、子供の頃の私は味噌汁《みそしる》が苦手だった。そのため、母親からそう、かこつけて言われることも多かった。

「残しちゃだめよ。政宗も飲んでるでしょう」

しかし、政宗の飲んでいた味噌汁は現在の一般的な大豆《だいず》味噌の味噌汁だったのだろうか？「糠《ぬか》味噌汁」の章で取り上げるが、大豆は馬糧《ばりよう》として使われることの方が多かった。大豆味噌の代わりに、糠味噌を使った味噌汁だった可能性もあるのだ。

また、冒頭の湯漬けも、ご飯はその日食べる分を朝にまとめて炊くことが多かったので、夜食べる湯漬けは、湯気のたったご飯ではなく、干からびてカピカピ、夏などは冷蔵庫なんかない時代ゆえ、ちょっと饐《す》えたにおいのする代物だったはずだ。

白いお米だったかどうかも怪しい。

「殆《ほとん》ど下咽に耐えず、蓋《け》し稲米の最悪の者なり」

とまで酷評された赤米だったかもしれない。

私が小学生の時に感じた「食べ難さ」なんて目じゃないほど、「食べ難い」ものをどうにかこうにか飲み下して、戦国時代の人々は生き延びてきたのだ。

『独眼竜政宗』から三〇年あまり。年号も「昭和」「平成」「令和」と三つも経た。そして、今更ながら、子供の時の「あれ食べてみたい」をやってみたくなった。

私の「歴史」への想いは、結局、成長しても未分化で洗練されず、プリミティブなままだった。そのため、研究者にはならず、小説家なんてものになってしまったのだろう。

だから今回の「あれ食べてみたい」の衝動にも、幼稚で野蛮なものは残ったままに違いない。

しかし、「あれ」を再現するにあたっては、手に入るだけの文献を手に入れ、調べられるだけのことを調べた上でのことであることは、ここに誓わせてもらう。

では、懐かしい昭和の時代、花柄の魔法瓶が置かれたナイロンのテーブルクロス、後頭部がやけにでかかったテレビ、渡辺謙の咆哮《ほうこう》と、両親の微苦笑。そんなものに囲まれて、搔き込んだ水っぽい湯漬けの味を思い出しつつ、始めよう。

目次

＊現代語訳で特に出典明記のないものは、著者による意訳である。
＊読みやすさを考慮して、引用資料の旧字・異体字は通字に改め、ルビ等も適宜補った。
＊史料において、今日の人権意識に照らして不適切な語句、表現については、時代的背景と作品価値を考慮し、そのままとした。

第一章　赤米

稲米として最悪のもの？

トトロの景色は何故美しいか?

『となりのトトロ』と言えば、巨匠・宮崎駿《はやお》が手掛けた、誰もが知る名作アニメ映画だ。

印象に残る場面はいくつもあるが、一つあげるとすれば、サツキとメイをお腹にしがみつかせたトトロが雄たけびをあげて空を飛ぶシーンだろう。この時、背景には、日本の田園風景が広がっていた。一面に水の張られた水田。丁寧に手入れされた茅葺《かやぶき》の農家。太陽をいっぱい吸った豊かな森。私たちはその風景を否応なしに美しいと感じる。

それは何故だろうか? 日本の懐しい自然の景色を描いているから?

だが、本当にあの景色は「自然」なものなのだろうか?

「田毎《たごと》の月」ほどには描かれていなかったが、敷き並べた鏡のような水田は確かに美しい。しかし、それは自然ではない。人の手が入った人工的なものだ。

森は?

残念ながら日本の森の景観は弥生時代以来、人々が入り、せっせと下草を刈り、落ち葉を拾い集めて出来たものだ。今、日本の森で、処女森と言えるものはほとんどない。『となりのトトロ』のように農村近くの里山だったらなおのことだ。

私たちは何となく文明と言えば「工業」、自然と言えば「農業」を思い浮かべる。しかし、田畑も工場も、自然環境に人間が手を入れ、そこに何がしかの資源を投入し、生産物を得ているわけだから、本質的に何も変わらない。むしろ、あの美しい景色は、弥生時代以来、日本人が目指してきた文明の一つの結実なのではないだろうか？

片荒らしの情景

日本は、その地形的、気候的環境から、決して稲作の最適地というわけではなかった。むしろ不利な条件から、何とか「豊葦原《とよあしはら》の瑞穂国《みずほのくに》」を実現しようとした営為によって、独特の文化や国民性、そして国土の景観が形作られていったというのが真実に近い。そして、それは苦難に満ちた道のりだった。

弥生時代の水田遺構が発掘された静岡の曲金北《まがりかねきた》遺跡では、一〇〇区画ある田のうち、使われていたのはたった十一で、その他は少なくともその年の耕作の跡がない休耕田であったという。人手も少なく、施肥《せひ》や治水の技術もまだまだな時代、せっかく開墾しても持て余してしまうということは多かったらしい。そして、耕作された田と、ほったらかしの田がパッチワークのように広がる情景は、かつて「片荒《かたあ》らし」と呼ばれていた。

早苗とるやすのわたりのかたあらし　こぞのかり田はさびしかりけり

鎌倉時代の僧・慈円《じえん》の和歌だが、「田植えの時期の野洲の渡（滋賀県南部の野洲川にあった渡し場）、去年の苅田のままの片荒らしが残っているのは物寂しいものだなぁ」くらいの意味になるだろうか。見渡す限りの田に水が張られ、秋には一面黄金色の稲穂が揺れる景色というのは、そうそう手に入るものではなかったのだ。

歴史学者の福嶋紀子は『赤米のたどった道』のなかで「日本列島の各地でみられる水田景観」を「実は思いのほか新しいものである可能性が高いのである」と語っている。『となりのトトロ』に描かれるような片荒らしがまったくない村を、戦国大名が見たら、その富裕に驚愕《きょうがく》し、よだれをたらさんばかりに欲しがったに違いない。

実際、映画の舞台のモデルになった埼玉県と東京都にまたがる狭山丘陵付近には、山口氏という武士団が平安時代末期から土着し、周辺の大勢力と江戸時代に至るまで激しい戦いを繰り広げていたのだ。

映画がいつの時代を描いているのかは諸説あるが、昭和三〇年代でほぼ間違いはないだろう。そして、この時代は、米の需要、消費量が史上最大となり日本の水稲耕作が絶頂に達した時期である。同時上映された『火垂るの墓』とは裏腹に、サツキにもメイにも飢えの気配はまったくない。

『となりのトトロ』が描きだす村は、弥生式農法伝来以来の、日本人の長年の夢をかなえた風景なのであって、だからこそ私たちは懐かしく美しく感じるのではないだろうか。

歴史のなかに消えた赤米

『となりのトトロ』で描かれた農村のように、昔から当たり前にあると思っていたものが、実は近年になってやっと手に入るようになったものだったということは多々ある。そのなかの一つが、白い米だと言ったら驚かれるだろうか。

少なくとも戦国時代、庶民はそうそう真っ白な米を食べられるものではなかった。

秀吉の朝鮮侵略戦争中に、講和交渉のため日本に派遣された朝鮮通信使の黄慎《ファンシン》の日記にこんな一文が残っている。

但《ただし》将官の外は皆赤米を用いて飯と為す　形は瞿麦《くばく》の如く　色は蜀秫《しょくじゅつ》に似　殆《ほとん》ど下咽に

耐えず　蓋《けだ》し稲米の最悪の者なり（「日本往還日記」）

瞿麦は燕麦《えんばく》、蜀秫は高粱《コーリヤン》の一種と考えられている。燕麦は細長い種子を作り、高粱は熟すと真っ赤に実る。そのような形状の赤米を将官以外の雑兵《ぞうひょう》は皆食べていて、飲み込めないほどまずく、稲米のなかで最悪のものだというのである。

侵略を受けた黄慎は当然、日本に対して相当に憤っており、その記述については割り引いて考えなくてはいけないが、赤米がそう美味しいものではなかったということは、他の日本国内の記録とも一致するので、まず真実と考えてよいだろう。

しかし、「飲み込めないほどまずい」というのは食物に対する最大級の罵倒であろうから、そこがまた、興味深い。

その赤米もぜひ、食べてみたいと思うのだが、そこで、現在各地で栽培されている赤米のどれが、この「稲米の最悪」と最も近いものなのかという難しい問題に行き当たる。

三つの品種群

まず、米、もしくは稲について整理していこう。

稲にはアフリカ原産のアフリカ稲と、アジア原産のアジア稲の二つがある。日本人が専ら食べてきたのは、もちろんアジア稲のほうで、中国の雲南《うんなん》地方からラオス、タイ、ミャンマーに広がる山岳地帯が原産とされている。

さらに、このアジア稲には大きく三つの品種群がある。

一つ目が、原産地から、北に向かって広まった温帯ジャポニカと呼ばれる品種である。中国、朝鮮と北進するにつれ、寒さに強いという特質を手に入れたため、温帯気候で栽培するのに向いている。日本で主に栽培されているのは、この温帯ジャポニカで、形状はいつも食べるご飯を思い浮かべればよい。丸っこい楕円《だえん》形で、炊くとたっぷり水分を含み、香りに癖がなく、甘味が強い。

二つ目が、原産地から南に向かったインディカ米である。名前の通り、インドや東南アジアで栽培されている。こちらは湿度と気温が高く、雨季と乾季のある気候が向いている。「平成の米騒動」と呼ばれる、一九九三年の冷夏によるコメ不足で輸入されたタイ米を覚えておられる方もいるだろう。あのタイ米がインディカ米である。形状は細長く、炊いてもパラパラしている。独特の香りがするため、日本人的には臭いと感じることもあるかもしれない。

戦前に大量に輸入された南京米もインディカ米の一種で、この米の味を夏目漱石が『坑夫』のなかで次のように描いている。

「光沢《つや》のない飯を一口掻《か》き込んだ。すると（中略）舌三寸の上だけへ魂が宿ったと思う位に変な味がした。飯とは無論受取れない。全く壁土《かべつち》である。この壁土が唾液《つばき》に和《と》けて、口一杯に広がった時の心持《こころもち》は云うに云われなかった」

なんだかこう書くと、インディカ米はまずいという印象を与えるかもしれないが、ピラフやチャーハンにすると、大変美味しい品種である。

数年前、タイに滞在していたことがあったのだが、ホテルの前に、毎朝おばちゃんがやってきて、ぶっかけ飯の屋台を開いていた。色とりどりのカレーに、揚げ魚、カリカリに焼いた目玉焼きなどのおかずが、ステンレスの容器に並んでいて、「これとこれ」と指さすと、アルミ皿のご飯の上にぶっかけてくれる。このご飯がインディカ米で、たんぱくな味に、スパイシーなおかずはよくあって、いつも楽しみにしていた。これが、甘くて粘っこいジャポニカ米だったら、重さを感じてすぐ嫌になったかもしれない。

結局、ジャポニカにもインディカにも向き不向きの食べ方があるのだ。このほかにもジャポニカの変種として、熱帯ジャポニカというものがある。インディカと同じく南に広がり、熱帯の高地で作られるようになった品種で、食味はインディカに似ており、陸田《りくでん》（畑）で栽培される。

水田に陸田、色も品種も様々だった日本の稲作

現在、日本で栽培されている品種は、ほとんどが温帯ジャポニカであるため、日本に初めて稲作が伝来した時にやって来た品種も温帯ジャポニカと思われるかもしれない。しかし、事態はなかなか複雑なのである。そもそも、稲伝来は一度ではなく、複数にわたった可能性がある。

まず発掘遺跡を振り返ると、縄文時代晩期（約三三〇〇〜二八〇〇年前）、宮崎県桑田遺跡の土壌からは、熱帯ジャポニカと思われるプラントオパール（イネ科の植物に含まれるガラス質のケイ酸体粒子で土壌中に安定して遺存する）が発見されている。この熱帯ジャポニカがどこから来たかはよく分かっていないが、この頃の稲は主食というほど特別なものではなく、麦や粟《あわ》、稗《ひえ》と同じく、焼畑農業で栽培されていたようである。

そのため、単に稲作という場合、それは縄文時代から始まっており、ひと昔前の歴史教科書に載っていたような、稲作の開始を縄文と弥生の画期とするような歴史区分は古い考

え方になっている。現在は、水稲耕作が始まった時期を、弥生時代の開始と見なすことが多いようだ。

では、この水稲耕作の技術をもたらした人間集団が、どこから来たか、ということになると、また諸説紛糾して、ややこしい。ただ、この時持ち込まれた温帯ジャポニカ米が少量だったことと、米の系統もどうも中国系と、朝鮮半島系の二種類があったことは確かなようだ。

遺跡から出土する銅鐸《どうたく》などの青銅器からは朝鮮半島の影響が見られるのに対し、米を貯蔵する高倉は朝鮮ではなく中国の江南地方に見られる文化であるため、水田農耕の技術を日本に持ち込んで、弥生時代をもたらした渡来人は実は二系統いたのかもしれない。ただ、いずれにせよ、弥生時代になっていきなり、日本全土が水田に切り換わったというわけではない。

鎌倉時代ですら、施肥と治水の技術に限界があったのだから、古代はなおさらである。縄文式の焼畑を伴った陸田と、弥生式の粗放な水田が、まばらに混在した風景というのが弥生時代の実相だった。先述の曲金北遺跡でも、形状は水田なのに、陸田として使われていた田が発見されている。そして、この時期の米の色は、温帯ジャポニカ・熱帯ジャポニカといった品種に関係なく様々で、もちろん赤米もあった。陸田と水田、そして休耕田がパッチワークのように点在し、植わっている稲は品種も色味もバラバラ……。この「片荒らし」の風景こそが、弥生時代に限らず、日本の歴史のほとんどを通じて一般的な農村の風景だった。それは、農学者の佐藤洋一郎によると、実に太閤検地の頃まで続いたという。

さて、こうした「片荒らし」の風景が広がる日本の農村に中世、珍客が舞い込む。大唐《たいとう》米《まい》、あるいは唐法師《からぼうし》、唐干《とうぼし》などと呼ばれる赤米で、諸説あるが中国から持ち込まれたインディカ系の品種だという。

史料としての初出は、徳治三年（一三〇八）の『教王護国寺文書』で、それによれば丹波国西田井村（兵庫県丹波篠山市）の三町六反の早生《わせ》および中生《なかて》の田の二割に「たいたうほうし（大唐法師）のいね」が作付けされたと記録されている。

大唐米は、早生で、干ばつにも水害にも強く、収穫量も多いうえ、脱粒性に富んでいた。日本最古の農書である『清良記《せいりょうき》』のなかに、伊予（愛媛県）の武将・土居清良が家臣に「田植えを早くしたら少々実入りは悪くなるだろうが、収穫が遅くなって敵に残らず取られてしまうよりはましだ」と語っている記事がある。

敵による刈田狼藉《かりたろうぜき》が日常茶飯事だった戦国時代、大唐米の早生という特性は、領主にとっても、農民にとっても願ったりかなったりだったに違いない。

しかし、やはり、白米と比べれば食味に劣った。

山城国（京都南部）の地誌『雍州府志《ようしゅうふし》』には、大冬米と綴《つづ》られているが、その説明として、

「その外皮　赤色を帯ぶ　白米に比するときは　風味劣れりとす」

と書かれている。

また、加賀藩の農政の実態をまとめた『理塵集《りじんしゅう》』では、

「大唐米は農民の食べ物であって、農民は春には麦、夏には早生稗、秋口には大唐米で食いつなぎ、年貢米となる普通の米は農民にとって食べがたいものである」

とされ、年貢として納めるべきは晩稲《おくて》の白米で、早生の大唐米は農民が食いつなぐ二級米という扱いだったようだ。

これは、前述の黄慎の日記、「但将官の外は皆赤米を用いて飯と為す」と合致する。

また、黄慎は、雑兵たちの食べていた赤米は瞿麦（燕麦）のようだったとも記している。

先述の通り、燕麦の種子は細長い。そして、大唐米も江戸時代前期の料理書『庖厨備用《ほうちゅうびよう》倭名本草《わみょうほんぞう》』では、「その粒ほそく長し」とある。

黄慎が「殆ど下咽に耐えず」——食えたもんじゃないと言った赤米は、この中国から渡来した、インディカ系の大唐米だと考えてよさそうだ。

美味しいぞ、今の赤米

「日本のお米はもともと赤米で赤飯はその名残」

という説を聞いたことのある読者もおられると思う。昨今、村おこしを目的に栽培される赤米は、この説をもとに「古代米」と名付けられることも多い。この説の提唱者は民俗学者の柳田國男だが、古代の米がすべて赤米だったかというと、どうも疑わしい。赤い色に魔除けの意味を付与して、赤米を選んで祭りや儀式に使っていたというのが真相に近いだろう。

赤米だから古い時代の稲の形質を残しているというわけではないのである。

赤米について調査し始めていた頃、帰省中に立ち寄った宮崎のサービスエリアで、偶然にも赤米が売られているのを見つけた。ポップ広告には「古代米」と書かれていて、形状は丸っこく温帯ジャポニカのようだった。購入して、炊いてみると、食感はふっくらもちもちして、香りもいい。甘味も十分あった。

「美味しいじゃん」

おはぎに使ってもあいそうな味である。

包装に連絡先が書いてあったので、電話をかけ、

「品種は何でしょうか？」

と尋ねると、残念ながら生産者の方も正式名称を知らないということだった。その日はそれで終わったが、翌日、先方から電話をくれた。わざわざ調べなおしてくれたのだ。

「〝紅染《べにぞ》めもち〟っていうらしいですよ」

早速、農研機構のサイトで「紅染めもち」を調べると、二〇〇四年に公表された品種だった。「ベニロマン」と「ひみこもち」という品種をかけあわせて作られたものらしい。

そして、この「ベニロマン」は対馬《つしま》で古くから栽培されていた「対馬赤米」という品種を栽培しやすく改良したもので一九九六年に作られたということだった。

神事にも用いられる「対馬赤米」は古代米と言ってもよいかもしれないが、「紅染めもち」はいわばその孫なので、ひとくくりに「古代米」と言ってしまうのは語弊があるような気がする。

いずれにせよ、「紅染めもち」は、私が「おはぎに使ってもあいそう」と感じた通り、

和菓子の材料に用いられることも多いのだという。美味しいお米である。

しかし、私が求める大唐米はこれではないのだ。

紅染めもちは温帯ジャポニカ、大唐米はインディカ、そして紅染めもちは美味しいが、大唐米は何と言っても「蓋し稲米の最悪の者なり」と言われたように、まずくてはおかしいのだから！

ついに発見？　現代に生きる大唐米の末裔

追い求める大唐米は一体どこにあるのか？

糸口は一枚の写真にあった。

ネットを調べていると、大唐米の別名、「唐法師」「唐干」というキャプションとともに種子の写真が掲載されている雑誌を見つけたのだ。富山県農林水産総合技術センターが発行している「とやま農・園・畜研だより」という雑誌だった。

メールで問い合わせてみると、育種課長の小島洋一郎氏が答えてくれた。

「まず、『唐干（touboshi)』、『唐法師（karahousi)』が、「大唐米」と同一なものであるかどうかは誰にも答えられないと思います。なぜなら、昔の在来品種は、近代の育成品種と異なり非常に雑駁《ざつぱく》なものでありまして、標本そのものもなく、広い範囲で作付けされており、各地へ伝播する過程で姿形が変わっていることも考えられるからです。また、上記の赤米を栽培している農家さんは、県内にはいらっしゃいません」

ごもっともなお言葉である。科学的に厳密に区分された現在の品種と、昔の米の種類とを比定することを安易に考えていたのかもしれない。自分のうかつさも恥ずかしくなり、「バカな質問だったかもしれません」と回答したところすぐお電話をくれた。お叱《しか》りを受けるのかと思っていたら、

「いや、一〇〇パーセント間違っているということではなく、個人的には結構よいところまで迫っていると思います。『農業生物資源ジーンバンク』に登録されているはずなので、似た品種がないかも含めて、よければ問い合わせてみてください」

と逆に励ましてくれた。

この本を書いていて分かったことだが、本当に研究者の方というのは親切で、慎重に言葉を選びつつ、色々なヒントを与えてくれる。

「農業生物資源ジーンバンク」について調べてみると、茨城県つくば市に本部を置く組織の、農業分野に関わる遺伝資源について探索収集から特性評価、保存、配布および情報公

開を行う事業だった。ホームページには、遺伝資源データベースがあり、検索したところ、確かに唐法師、唐干の品種が登録されている。研究・播種《はしゅ》のためなら種子も分けてくれるようだった。

味を確かめてみるというのも研究の一環だろうと思い「食べたいからください」とメールを送ってみたが、これは断られてしまった。

だが、何にせよ、これで唐干、唐法師という品種が実在することは確かめられたわけである。ひょっとしたら、誰か栽培している人もいるかもしれない。

そう思って、探してみたところ、長崎県の南島原市で、自給自足の生活を目指しているケップルス氏（ブログ上のハンドルネーム、仮名）のブログ「おうちで穀物自給」に行き着いた。

二〇一七年の記事だったが、ジーンバンクから種子を取り寄せ、田植えしたと書かれている。現在も栽培しているかもしれないと思い、「唐法師、唐干が手元にあれば分けていただけないだろうか」と頼んでみた。

数日たって返事が来て、

「唐干と唐法師は株が倒伏《とうふく》して収穫を諦《あきら》めました。代りにメラゴメという近い品種が二系統採れました。ジーンバンクの二系統です。片方の玄米が〇・九合、もう片方の五分搗《づ》き米が一・九合ほどあります。これらならお譲りできます」

唐法師、唐干が無いのは少し残念だったが、『赤米の博物誌』のなかで、岐阜大学の宮川修一博士が歴史上の大唐米の末裔《まつえい》と考えるに価する候補の一つとして、メラゴメもあげている。メラゴメも十分、現代に生き残った大唐米の末裔と考えてよさそうである。

「ぜひ、分けてください」

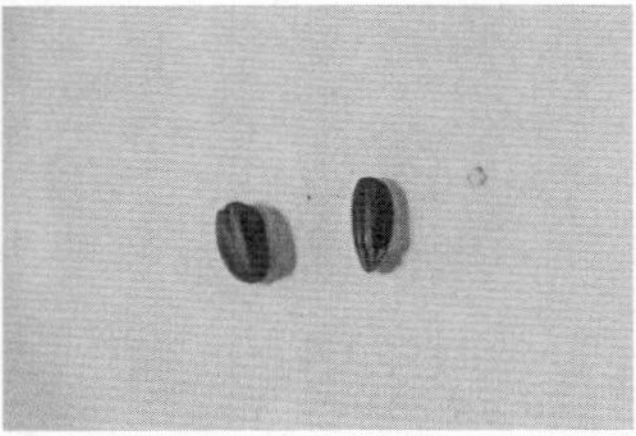
ケップルス氏から譲ってもらったメラゴメ（右）。左の紅染めもちと比べると形状は細長い

そうお願いしたところ、ケップルス氏は快く引き受けてくれた。

メラゴメと大唐米

写真の通り、紅染めもちとは同じ赤米でも形状がまるで違う。明らかにインディカ米の形態をしている。

また、ケップルス氏は、栽培上の、唐干、唐法師、メラゴメの特性についても詳しく教えてくれた。なんでも、ケップルス氏は水田を持っていないが、唐干、唐法師、メラゴメは畑でも育てることができるという。昔の品種は全般的に化学肥料に弱く、唐干と唐法師も尿素を加えたことが、倒伏に関係しているかもしれないということだった。痩《や》せた土地でも育つ品種のはずだが、現代の化学肥料にはかえって弱いのかもしれない。

唐干、唐法師、メラゴメとも、今の日本の稲より株や葉がすらりとして、発芽、成長、収穫ともに早いが、いずれも、風には弱く、脱粒もしやすい。穂が出る頃から株が倒れやすくなるので、互いに支え合うように苗を密に、株間五センチメートル以下で植えるのが栽培のコツということだった。

その特徴は、これまで引用してきた大唐米についての記録と一致している。

江戸時代、元禄一〇年(一六九七)に出版された『本朝食鑑《ほんちょうしょっかん》』の記事も紹介しよう。

米の一種に大唐米《だいとうまい》というのがある。これはもともと中国の種《たね》を移し種《う》えたもので、俗に唐乾《とうかん》という。その稲は、繁茂して早く熟すので、各地で種えているものの、雨にあえば腐り易く、風にあえば墜《お》ち易く、小粒で赤色、味も佳《よ》くない。けれども飯に煮ると二倍にふえるので、民間で食するのにはよい。但《ただ》、米の性が薄く腹がへり易いのは残念である

「繁茂して早く熟す」とか、「風にあえば墜ち易く」などは、ケップルス氏の証言を裏付けるようである。

私は確信した。

これだ。これが、戦国時代、雑兵たちが食べた赤米、大唐米なのである。

やっぱり美味しくない？　五分搗きの大唐米

最初に試したのは、五分搗き（玄米を完全に精白せず、半分ほど搗いた状態）米の方だった。

水で洗うと、籾殻《もみがら》がたくさん浮いたので、丁寧に取り除く。

ケップルス氏によると、水を多めにした方がよいということなので、普通米と比べて、一・二倍ほどの分量の水で炊いてみた。

炊飯中、におうかなと思ったが、別にそんなことはなく、むしろお菓子のような甘い香りがした。

写真が炊きあがりで、確かに炊き増えするようだが、普通米の炊き上がりと比べたら、心持ち嵩《かさ》が増えた感じがするくらいで、『本朝食鑑』の二倍はオーバーなようだった。気

五分搗きの大唐米の炊き上がり

になるのが、ジャーを開けた際、湯気がまったくあがらないことだ。何故かシャモジですくうとシュワシュワという音がして、パラパラこぼれた。これでは、おにぎりにするのも、無理なようだった。タイで食べたインディカ米もパラパラしていたが、細長い形状を維持していた。しかし、なぜかメラゴメは、形が崩れ気味でくるりと丸まったようなものもある。光沢もあまりない。

ぱっと見た感じだと正直美味しくなさそうに思えるが、気を取り直して実食してみる。

味は別に、飲み下せないほどではない。ただ、淡白で、食感はもそもそしている。口のなかの水分をどんどん吸い取られる感じ。美味しくないというより、つまらないと言うほうが正しい気がする。食べるという行為に通常付随する、生理的興奮や満足がまるでないのである。夏目漱石の『坑夫』に出てきた「全く壁土である」という一節を思い出す。

茶碗に半分くらい食べたところで、正直飽きてしまい、少し置くことにした。

戦国時代は、朝に一度炊いたものを、昼、夜と分けて食べることの方が一般的だったからである。

半日ほどたった後、もう一度食する。

今度は、水分がないのがまずく感じる原因かもしれないと考え、湯漬けにしてみた。

しかし、これは失敗だった。

米はまったく水を吸わないうえ、味が薄いのがさらに強調される。

本当に飲み下せたもんじゃないかもしれない。

おかずに用意した梅干しやぬか漬けともあわない。酸っぱくてしょっぱい梅干しやぬか漬けは、温帯ジャポニカの甘さを引き立て食欲をそそる。しかし、淡白なインディカ米だと、邪魔なだけである。

食べ終えるのに本当に難渋して、茶碗を空けた。

ただ面白いのは、こんなに苦労したのに、おなかが膨れた感じは一切しないことである。

『本朝食鑑』に「米の性が薄く腹がへり易いのは残念である」と書かれているとおりだ。消化のよい品種なのである。江戸時代は、この特徴のため、病人に出されることも多かったらしい。

人力精米で疲労困憊

精米したものも試したいので、もう一つの系統は、行きつけの米屋に持っていくことにした。ところが、赤米を見せたところ、精米機は、どうしても前に精米したものが交ざるので色が違うものは難しいと断られてしまった。

ここで私は、ふと、赤米、特に大唐米の歴史が迫害の歴史でもあったことを思い出した。例えば、肥前の武将で、佐賀藩の始祖でもある鍋島勝茂《なべしまかつしげ》は、承応《じょうおう》二年（一六五三）、〝年貢は白米に対する赤米の比率を七対三以下に抑えるように〟という指示を出している。

これは赤米の市価が安かったためで、土佐藩二代藩主・山内忠義《やまうちただよし》が慶長十七年（一六一二）、領地の土佐に出した「掟」には物価安定を目的に、諸種の公定価格が掲載されているが、それによると赤米は普通米の二割引きの価格だった。そして、加賀藩の農書『耕稼春秋《こうかしゅんじゅう》』によると、農民は苗代で赤米が白米に交ざることを嫌い、まったく別の場所で育てていたという。

米屋に無理強いをすることも出来ないので、人力精米をやってみることにした。『はだしのゲン』に載っていた、一升瓶に玄米を入れ、菜箸で搗くというやり方だ。今は令和なので少し進歩して、使うのは一升瓶ではなくペットボトルである。

しかし、これがまた大変だった。とにかく単調でつまらない作業なのである。

ペットボトルと菜箸を使って精米する

自分ではもう一時間はたったかなと思って時計を見たら五分もたっていない。どれくらい時間がかかるものなんだろうかと調べたら、最低でも五時間は搗く必要があるようで、なかには一日三時間、一週間も搗き続けた人もいる。

気が遠くなりそうになったが、それでも心を無にして一時間ほど搗いたところで、右肩に激痛が走った。

「もうだめだ」

思わず家庭用精米機をネットショップに注文しそうになったが、男が一度やり出したことである。右肩に氷嚢《ひょうのう》を当てタオルでしばる。そこからは、甲子園で連投に連投を重ねた後のエースみたいな姿での作業になった。

どうすれば楽かと様々な体勢を試していたら、股《また》の間にペットボトルを挟むと最も安定してやりやすいということを発見した。二度と利用することはないと思うが貴重なノウハウである。後ろから見たらマスターベーションしているようにしか見えないだろう。

ちなみに昔の人は皆、玄米を食べていたというのは誤りで、五分搗きか七分搗き程度であったとしても、大抵杵《きね》をあててから炊いた。玄米は炊くのに火力がいるし、消化効率も悪い。強力な火力を備えた炊飯器と、米以外からでも容易にエネルギーを取ることの出来る現代人だからこそ、玄米ご飯を食べられるのであって、過酷な戦国時代を生きる人々にそんな余裕はなかった。

もちろん、この頃は、一升瓶もペットボトルもないので、木製の臼《うす》と杵で精米した。足踏み臼や効率の良い水車を使った精米が普及するのは江戸時代になってからのことである。

しっかり精米すると案外食べられる

結局、計十二時間ほど搗いたところで手を止めた。

別に完ぺきに精米が出来たから止めたわけではない。というか、ペットボトルの外から見ただけでは、どれくらい精米が進んだのか分からない。要は体力と、肩と肘《ひじ》の限界が来たのだ。

しかし、洗ってみると、案外、皮が取れていた。七分搗きくらいはいっているだろうか。胚乳《はいにゅう》は白というより灰色に近い。

イエズス会の宣教師、ジョアン・ロドリゲス・ツウズが書き記した『日本教会史』によると、当時の赤米も搗いても白くならず、色は灰色だったそうである。

五分搗きのものを炊いた時よりも、長めに吸水時間を取り水も増やしてみた。炊きあがりは五分搗きのものよりは若干色が白いようでもある。シャモジですくった感じもふっくらしている。

一口食べてみて驚く。

水分をしっかり含んで、ちゃんと甘いのである。

もちろんコシヒカリと比べたら大分劣るが、十分食べられる味である。おかずに大根のぬか漬けも並べてみた。相性ばっちりというわけにはいかなかったが、五分搗きの時と比べたら、まだちぐはぐながらも息を合わせてくれる。

どうもしっかり精米して、吸水にも時間をかけるのがコツなようである。苦労して精米した甲斐があったし、大唐米とやっと分かり合えたような気がしてうれしくなった。

開発の尖兵だった大唐米

考えてみれば、大唐米も働き者の米である。

なぜなら、大唐米は日本の歴史のなかで、長らく開発の尖兵《せんぺい》として扱われてきたのだ。新規耕地開拓の際、水田でしか育たない晩稲の白米に先立って、畑にまかれるのである。そして、水田ができるまで、開拓民の腹を満たし、その命を養う役割を担った。

『赤米のたどった道』（福嶋紀子著）や、「アジアの視野からみた日本稲作」（『稲のアジア史〈3〉』渡部忠世著）をもとに、日本稲作の展開について簡単にまとめると、日本の米作りはまず山間の湿地や小河川の河谷盆地を開発することから始まり、平安時代の後期になって河岸段丘上に用水を通すことができるようになった。要は治水は簡単だが広い水田は作れない土地から、治水は難しいが広い水田を作るための開発へと進んでいったのである。

無論、平安後期に、開発できる土地が増えたことと、武士階級が台頭したことは無関係ではない。米を取れる土地が増えると、それを開発する者はもちろん、それを奪おうとする者も現れる。争いが頻発し、差配人が必要になるのだが、朝廷などという悠長な組織では追いつかなくなり、新しい調停者として幕府が現れるのだ。

そして、鎌倉末期から南北朝期にかけて、それまで開発した耕地の周辺に、小規模農地が展開していく。この新しい農地を背景に、農民が台頭し、一向一揆《いっこういっき》や、惣村《そうそん》に見られるような、武士とも対抗可能な自立した集団の形成へとつながっていく。

しかし、扇状地の緩斜面や、平野部の河川乱流地帯、海近くの沖積平野などが開発できるようになったのは、江戸時代になってからだった。

戦国時代はちょうどその端境期にあたる。

日本の国土に残された、これら最後の空白を開発するには、まず精巧な治水技術、次に膨大な労働力、最後にそれらを動員・指揮する強大な権力が必要だった。

そして、戦国時代をサバイバルした武将たちは、皆、それを兼ね備えていた。

徳川家康も、伊達政宗《だてまさむね》も、加藤清正《きよまさ》も、最上義光《もがみよしあき》も、後半生を新田開発に捧げ、日本の国土に残った最後の空白を水田で埋めた。現代日本の耕地は、ほぼこの時期に形作られたといわれている。

そして、こうした開発で、切り開かれた田に真っ先にまかれたのが、大唐米をはじめとする赤米だった。彼らは、戦国末期から近世にかけて、新たな国土の創造のために働きに働き、役目が終わると、雑草同然の扱いを受けながら、静かに歴史から消え去っていった。

その姿は何かに似ていないだろうか？

そう、戦国時代の雑兵たちである。

見た目が武骨で、生命力は強靭《きょうじん》、艱難辛苦《かんなんしんく》に耐えて、新たな時代のために命を的にして闘い、平和への埋め草となって消えていった人々。

彼らの姿に、赤米の姿が重なる。

黄慎の「殆ど下咽に耐えず」という言葉は、彼らがそれでも飲み下さなくてはならなかった運命のことを指しているのかもしれない。

いつの間にか私は大唐米も食べ終えていた。

やっぱり白米と違って、お腹にたまった感じがしない。

ダイエット流行《ばや》りの現代ならよいかもしれないが、雑兵たちには物足りなかったに違いない。せめてお腹いっぱいで死にたかっただろうな。

「ご馳走様、そしてご苦労様でした」

そう心から呟《つぶや》きながら、赤米とそれを食べた雑兵たちに、手を合わせた。

第二章　糠味噌汁

醤油は贅沢？　叱られた井伊直政

可愛い赤鬼、井伊直政

徳川四天王の一人、井伊直政《いいなおまさ》はずいぶん可愛らしい人だったように思う。奇妙な逸話が残っている。

小牧・長久手の戦い（一五八四）の際、高木清秀《きよひで》という武将に取りすがり、「此度の合戦で手柄を立てられないような気がします」と泣いたというのだ。清秀は若年の頃、信長の父である織田信秀《のぶひで》に仕え、小豆坂《あずきざか》の合戦に参加したのが世に出たはじめという履歴の持ち主で、その戦歴は半世紀に近い。

対して、直政は、弱冠二三歳。彼は容貌《ようぼう》が大変麗しい人物であったことは様々な史書から確認できる。少年の頃は美少女と見まがう美しさで、家康の寵童《ちょうどう》もつとめた。戦国時代の男色話には眉唾《まゆつば》なものも多いのだが、信頼性の高い『甲陽軍鑑《こうようぐんかん》』に、彼が家康の「御座をなおす」ものだったという記述があるので、彼と家康の関係についてはほぼ確定と考えてよいだろう。そんな美しい青年に取りすがられて、白髪の老武将もずいぶん困ったと思うが、「そんなことはない。やがてよき手柄を得るだろう」と励ましている。

直政にはこの類の、家康や先輩の武将から教え諭される話が多い。それは彼が家康の重臣のなかではとびぬけて若かったからだろう。

徳川四天王のなかだけで比較しても、

酒井忠次《ただつぐ》：大永《たいえい》七年（一五二七）生
本多忠勝《ただかつ》：天文《てんもん》十七年（一五四八）生
榊原康政《さかきばらやすまさ》：天文十七年（一五四八）生
井伊直政：永禄《えいろく》四年（一五六一）生

と最も年長の忠次とは三四歳、忠勝、康政とは十三歳年が離れている。

そのため、歴史にあらわれた時、ほかの四天王は皆、日に焼け、皺《しわ》多い、大人の顔だっただろうが、一人直政だけがあどけない。

だが、彼がいちばん出世した。

関ケ原の戦い（一六〇〇）後に与えられた彦根十八万石（二代目直孝《なおたか》の代に加増され三五万石）は譜代大名のなかでは断トツの石高である。江戸城内の伺候席《しこうせき》も将軍の居る「奥」に最も近い「溜間《たまりのま》」を割り当てられ、その子孫に大老を四人も輩出している。

彼の著しい出世は、よく指摘される家康との特別な関係、彼自身の文武両面にわたる才能もさることながら、徳川の功臣のなかでは、井伊家の家柄が抜群によかったからだろう。『保元物語《ほげんものがたり》』には、源義朝《よしとも》に従う八人の兵の一人として「井の八郎」なる者が書かれているが、これが井伊氏が歴史に現れた初出なのだという。鎌倉時代には遠江介《とおとうみのすけ》に任官され井伊介と自称した。このため、出羽《でわ》の秋田城介、相模《さがみ》の三浦介、下総《しもうさ》の千葉介、上総《かずさ》の上総介、伊豆の狩野介、加賀の富樫《とがし》介、周防《すおう》の大内介と並んで、八介《はちすけ》と総称されることになる。井伊氏と並び称されるもののなかに、守護大名から戦国大名となる大内氏や千葉氏の名前が見えることからも分かる通り、功臣はもちろん、徳川家ですら比較にならないほど、家格が高い氏族なのである。

また、家康自身もそうだが、徳川家とその家臣たちには、南北朝時代の旧南朝の子孫を名乗る者が多い。無論、大分怪しい話で、本当のところはどこの馬の骨か分からない。そんななか、井伊家は、正真正銘、南朝方の有力武将として戦った経歴がある。容貌・家格・才能、どれをとっても、泥臭い三河もののなかでは、直政はきわだってまばゆい存在だったのだ。

そして、現在でも見られる光景だが、こうした人間には「どれ世間ちゅうものを教えてやろう」という者が出てくるし、出世したら出世したで「あれは俺が育ててやったんだ」

と言い出す者が現れるものなのだ。直政を寺の小僧か何かのように扱った教訓話には、そんな少々脂《やに》臭い感情が込められているのかもしれない。

だが、直政は、いつも子供のようにあどけなく首《こうべ》を垂れて、素直に先輩諸氏の話を聞いている。別に処世の技術としてではなく、それが芯からの地金であるようで、そこに彼の本当の育ちのよさを見るのである。

醤油を足してほしいと言って叱られる

次に紹介する話もまた、彼の血統のよさを表わすものなのかもしれない。出典は『故老《ころう》諸談《しょだん》』である。

家康が甲斐若神子《かいわかみこ》（山梨県北杜市）にて、北条氏直《ほうじょううじなお》と対陣していた時というから、時期は天正《てんしょう》一〇年（一五八二）八月。まだ、井伊直政が万千代《まんちよ》と呼ばれていた頃の話である。

戦陣のある夜、井伊万千代は、徳川家の重臣である大久保忠世《ただよ》から、若い衆が集まって旨い料理を食べているからいらっしゃいと招待を受けた。

急いで行ってみると、陣屋の前に火を焚《た》き、自在鉤《じざいかぎ》を吊し、粗末な平鍋で根芋（里芋）

を葉と茎と一緒に、糠味噌《ぬかみそ》で煮込んでいる。大久保忠世の他は、鳥居忠政《ただまさ》、石川康通《やすみち》、本多康重《やすしげ》、岡部長盛《ながもり》、大久保忠隣《ただちか》といった若手の面々。忠世は万千代を見つけると、「万千代殿、こちらへ」と呼ばわって、席を作ってやった。

若者たちは焚火《たきび》に顔をあぶられつつ、生煮えの芋汁を食べている。皆、余計な口はきかない。

ただ、汁をすする音、芋を嚙《か》む音だけが騒がしい。三河ものらしい野卑な食べ方である。

万千代にも、うずたかく芋を盛られた碗《わん》が与えられた。

こちらは碗を持つ手も典雅に、さらさらと口に流し入れる。

が、

「！」

まずい。とても食べられたものではない。

万千代は黙って碗を下に置いた。

「さすが、万千代殿。若衆《わかしゅ》は上品なものだ」

若者たちは笑った。そして、あてつけのように碗を重ね、犬のような勢いで食べ続けた。

「万千代殿、なぜ汁を食べないのだ？」

忠世が声をかけると、

「少し醬油《しょうゆ》をかけた方がよいと思うのですが」

と万千代は答えた。

若者たちは「それは驕《おご》りだ。そんなものが今この場にあるわけがないだろう」と声を荒げた。

すると殺気立つ場を制するように、

「何れも、よく心得られよ」

年長の忠世が声をことさら低くして口を開いた。

「この芋汁の味は確かに悪い。が、皆、うまいと言って食べている。何といっても、士卒《しそつ》（兵士）はこんな汁すら口に入らないのだ。たった三合の米、それも精《しら》いでもいない黒米を食って、寒さをしのぎ、暑熱をいとわず、白刃の下に身をくだき、主君に忠節を尽くすのは、皆、義と理のためだ。農民もまた野菜や米を作りだし、辛苦して主人に納め、士卒を養っている。自分が作ったものなのに口に入れることはできず、妻子は飢え苦しんでいる。大将たる者は、このことをよく心得ておかなくてはならない。お屋形様（家康）が多くの敵国を切り従えた暁には、皆、大名になる身である。ただいまの芋汁の味を忘れず、士卒を撫愛し、農民を憐育するように。もしこの心を忘れたならば、武士の道は廃れ、君臣の義も薄くなるだろう。家業の第一は士卒を愛することなのだ」

万千代はこの忠世の言葉を、長じた後もたびたび振り返っては「今でも耳朶《じだ》に残って心に感じるものがある」と語ったという。

直政の立ち位置

この座に参加した面々の年齢について付記しておく。

大久保忠世　五〇歳（小田原四万五〇〇〇石）
鳥居忠政　十六歳（出羽山形二二万石）
石川康通　二八歳（美濃大垣藩五万石）
本多康重　二八歳（三河岡崎藩五万石）
岡部長盛　十四歳（美濃大垣藩五万石）
大久保忠隣　二九歳（小田原六万五〇〇〇石）

カッコ内は彼らが最終的に得た領地で、忠世の言う通り、この時、糠味噌汁をすすった若者たちは皆、大名となった。鳥居忠政や岡部長盛など二一歳だった直政より年下のものもいるが、先輩たちの尻馬に乗って、碗を置いた直政を叱責したのだとしたら、この頃の直政を巡る家中の雰囲気がよく分かる。後輩を呼びつけておいて、些細《ささい》な失言で一方的に説教など、今ならアルハラならぬシルハラとして問題になりそうだ。

おまけに若者たちは直政のことを「若衆」と呼んでいる。当時の「若衆」という言葉の響きは、現代の美少女アイドルに近いものがある。美しく、愛らしいとともにセクシャルな存在なのである。そのため、若者たちの罵言にはセクハラも含まれているように思う。それに家康と直政の関係は、家臣団のなかでは公然の秘密だったはずで、直政への侮辱は主君への当てこすりにもなると思うのだが、その辺り、忠勇無比の三河武士はあまり気にしなかったのだろうか。

そういえば、三河武士の典型と言われる、安藤直次《なおつぐ》は家康の目を盗んで、直政と逢引していたとも言う。主君の愛人に罵声を浴びせるは、寝取るは、とんだ家臣団もいたものである。

しかし、こんな目にあったのに、直政はやっぱり素直で真っすぐ。後年、「今でも耳朶に残って」と述懐しているが、忠世の言葉を神妙に聞いたらしい。

可愛い、いい子である。

大豆味噌ではなくなぜ糠味噌なのか

だが、なんでまた糠味噌汁なんてものを忠世たちは飲んでいたのだろうか？　大豆《だいず》味噌でもよかったのでは？

これは「味噌」の章でも話すが、当時の大豆はまず馬糧《ばりょう》、馬の食べ物なのである。大豆が数少ない濃厚飼料だからで、人の口にはなかなか入らないものだったのだ。大宝の厩牧《くもく》令《りょう》、延喜の左右馬寮《めりょう》式といった古代や中世の法令に、飼料として豆を与えるように記されている。どちらも馬の価値を三等に分けており、価値が高いほど餌に含まれる豆の量が多くなる。最良の馬には一日二升の大豆が給付されていたようだ。ちなみに大豆は釜で煮てから与えられていたらしい（「経済史的にみたる上代牧馬」佐藤虎雄）。

源義家《よしいえ》の伝承では、彼が東北へ遠征した際、馬糧の大豆は藁《わら》に詰めて運ばれたという。馬の体温で大豆が蒸《む》れ、気づいたら納豆が出来ていたというが、どこまで本当か分からない。ただ、彼の遠征ルートは水戸、会津、仙台、横手など納豆食が盛んな土地が多いのは確かである。

また、秀吉が天正二〇年（一五九二）に発布した朱印状にも「しからば兵糧ならびに大豆の儀、弾正《だんじょう》申し次第にあい渡すべく候《そうろう》」とある。兵糧と大豆が並列で記されているということは、当時、兵糧、兵の食べ物のなかに大豆は基本的に含まれていなかったということなのだろう。もちろん大豆味噌を食べることはあったのだろうが、大豆はまず馬のガソリンだった、そう考えて間違いないようである。

だからこそその糠味噌汁だったのに、よりによって大豆を原料とする醤油を頂戴と言ってしまったところに、直政の浮世離れした感がある。

糠味噌の造り方

一方、糠なら手ごろにどこでも手に入る。

それで、戦国・江戸期を通じて糠味噌は救荒食物として盛んに造られた。レシピも色々あったようだ。

『かてもの』（寛政十二年〈一八〇〇〉に米沢藩士が執筆した飢饉《ききん》救済の手引書）

米糠一石《こく》大豆二斗《と》（または一斗にても）塩二斗（または一斗五升《しょう》にても）。大豆を釜にて煮、その釜へこぬか（米糠）を水にてしめり合ふほどにねりて入れ、大豆の汁にて蒸し、とくとよくむせたる時、火を止めよくつき、塩こぬか大豆のおもひ合様に搗《つ》きあはせ、桶《おけ》に入れ置き、三十日ほど経て用いるなり。久しく置きて変わらず。

米糠一石酒糟《さけかす》一斗醤油滓《かす》一斗。こぬかを釜にてよく煮て搗き合する也。酒糟なくば入れずともよし。

『日本歳時記』（貞享五年〈一六八八〉刊。日本の民間の風俗や行事を季節ごとに紹介）

米のぬかを水にてかたくこね、甑《こしき》にてよくむして、熟したるとき、火をたきすて、そのまま置く。翌日色つきたるとき取り出し、ぬか一石に塩一斗五升、ならびに醤油のかすを入れる。臼にてよくつきまぜ、取り上げ、温気の残りたるをさまし、桶にても瓶にてもつめ、ふたをして置き、来年正月に取り出し、また臼《うす》に入れ、つきてもとの器に入れ置くべし。

二つの史料に複数の製法が紹介されているが、現代もぬか床をどう作るかは、家庭によって様々なのと同じことだ。

『本朝食鑑』には、「糯米《もちごめ》の糠で造るものを上とし、秔米《うるち》の糠で造るものを次とする」とあるので、糯米の糠で造ったものの方が上等と考えられていたようだ。

酒粕や醤油滓を加えているのは、現代、整腸剤であるビオフェルミンを糠味噌に加える人がいるのと、発想は同じだろう。現代では発酵スターターと呼ばれる発酵を促す技術だが、誠に先人の経験と知恵というのはすごいもので、微生物の存在を知らなくても試行錯誤だけでたどり着いてしまう。

ちなみに糠味噌を床にしたぬか漬けが盛んになるのは江戸時代になってからのことである。現代では糠味噌とぬか床はほぼイコールだが、もともと糠味噌は様々に用いられる食べ物だったのだ。

『本朝食鑑』には、「酒および醋《す》に浸して用いる」とか「味噌汁と合して煮食しても佳《よ》い味である」、あるいは「辣菜《らっさい》（禅家で漬物をいう）、葷辛《くんしん》（くさい蔬菜とからい蔬菜。仏家では食べない戒めとなっている）および橘皮《みかんのかわ》・杏仁・蘇子《しそのみ》・椒《さんしょう》の皮等の類をまぜて食べても佳い味である」と記述してある。

ちなみに、福岡県の小倉などでは今でも、鰯《いわし》や鯖《さば》を糠味噌を加えて炊いた、糠味噌炊きという郷土料理がある。取り寄せてみると、糠の酸味が効いて、なかなかうまい。青魚の生臭さもうまい具合に消えている。一緒に食べた妻もファンになって、自分で作るようになった。

糠味噌炊きを食べた後だと、よくある青魚の味噌煮は、魚の臭みに大豆味噌のにおいをぶつけているだけのように思われる。うまみも魚のそれに、大豆味噌のを上重ねしているだけである。魚の臭みをまさに消して、魚自身のうまみを引き出すという点にかけては、糠味噌の方に軍配があがるだろう。

この辺り、『本朝食鑑』に「能《よ》く胃の働きを活発にして食を進め、禽（鳥）魚の毒を解する」とあるのと合致するようである。

糠味噌汁を実食

さて、いよいよ糠味噌汁の実食である。幸い、自家製の糠味噌がある。

ただ、里芋の茎はいわゆるズイキなのでよいとして、葉を手に入れるのに色々あったが、この辺りの事情は「芋がら縄」の章で詳述したい。

糠味噌芋煮汁の完成品

とにかく、イリコで出しを取り、そこに大豆味噌と同じ分量で、糠味噌を投下。里芋と、その葉、そしてズイキを加え、コトコト。里芋に火が通った頃合いで火を止める。

さてさて、お味は……。

色はしっかり味噌汁なのにまったく味がしない。

無言のまま、ざらざらした糠の舌触りだけが通り過ぎていく感じである。

やむを得ず、大豆味噌の大体三倍の分量の糠味噌をぶち込み、さらに煮込んでみた。

これでやっと味が出てきた。といっても、糠独特の酸味がするのみで、塩味とうまみはまったくしない。糠のにおいも生臭いし不愉快。

『本朝食鑑』には「佳い味」と書かれてあった

が嘘。ちっとも美味しくない。まずい。

よくまあ、芋汁会に参加した若者たちは、こんな代物をがっつけたものである。

我慢できなくなって、塩を入れてみた。

するとやはり塩は調味料の王様である。何とか飲み下せるようになった。

余裕が出てきたので、芋の葉も食べてみる。案外肉厚でホクホクして美味しい。里芋も食べられないでもない味になった。

でも、やっぱり汁全体としてはパンチが足りない。

糠にもたんぱく質は含まれるが、大豆と比べると大分少ない。両者の一〇〇グラム当たりのたんぱく質含有量を比較すると、大豆が三〇グラム以上あるのに対し、糠は大体一〇グラムである（文部科学省　日本食品標準成分表）。

そのため、発酵後もアミノ酸が足りず、うまみが薄い。

この辺りが、糠味噌は漬け床に特化していき、大豆味噌のような調味料にはなれなかった理由なのかもしれない。

いずれにせよ、これでは到底食べ切れたものではない。

そこで、直政の逸話ではかなわなかった醤油を投入してみることにした。

すると、大豆味噌の味噌汁と比べれば食味は大分劣るが、それでも、汁ものとしては、まああ有りの味になった。糠の弱点であるうまみの少なさを醤油がうまく補ってくれている。糠臭さも中和してくれているようである。正直、それまで泥水をすっているようだったが、やっと食べ物の端くれまで来た。

要は井伊直政が正しかったのである。

やはり家柄のいい美少年の言うことは違うのである。

ちなみに、この糠味噌汁を食べた後、急に咽《のど》が痛くなった。ガラスの破片でうがいしているような感じで結構辛《つら》い。痛みは翌日まで続き、なんでだろうと思い、「里芋　咽　痛い」というキーワードをインターネットで調べてみた。

ズイキと里芋の葉のせいだった。

ズイキと里芋の葉にはアクが多く、適切に処理しないと、舌や咽を刺激して痛みをもたらす場合があるのだ。このアクの正体はシュウ酸カルシウムだが、針状結晶というい か に も痛そうな形態をしているらしい。

アク抜きをちゃんとしなかったのは自分のせいだが、まずいは、痛いはで腹が立つ。

大久保忠世め、とんでもないものを食べさせおって。

そんなんだから、主君の家康が三方《み かた》ヶ原《はら》で負けに負けて、馬の鞍壺《くらつぼ》の上に味噌のようなものを残す羽目になるのである。*

天下無双、英雄勇士、百世の鑑とすべき武夫

糠味噌による説教の効果かどうかはともかく、以後、直政は順調に立身する。

小牧・長久手の戦いでは、高木清秀の前で、泣いていたのに、戦がいざはじまると猛者ぞろいの武田家旧臣を率いて大暴れ。直政の軍は、武田の軍装「赤備え」も引き継いでいたので、秀吉方からは「赤鬼」と呼ばれるようになったという。世に名高い、直政だけでなく、代々井伊家に引き継がれる異称「赤鬼」の誕生である。

徳川方が手痛く負けた第一次上田合戦でも、敗戦処理を任され、手堅くやり遂げている。家康が秀吉に臣従すると、従五位下侍従に任官され、公家成《く げ なり》を遂げた。国持大名と同格の扱いで、四天王他家康麾下《き か》の武将では唯一の待遇である。

その後も、小田原征伐や奥州仕置などで手堅く実績を積んでいったが、何といっても最大の功績は関ケ原の戦いにおいての働きだろう。

先鋒の福島正則《まさのり》を出し抜いて、娘婿の松平忠吉《ただよし》とともに一番槍をつけ、天下分け目の戦

いの火ぶたを切る役割を担った。戦いの終盤には、敵中突破をはかってきた島津義弘《しまづよしひろ》と激突。激しく戦うが、捨てがまりという、島津の捨て身の戦法によって銃撃を受け、胸板と二の腕に重傷を負う。だが、気力はいささかも衰えず、「手負いの獅子」の姿の美しさにはむしろ磨きがかかったようである。

この時の様子を『葉隠《はがくれ》』のなかで鍋島勝茂《かつしげ》は次のように語っている。これは、下手に現代語訳などせず、書き下しで読んだ方がよいだろう。

上方にて、立花攻仰付けられ候御礼の節、井伊直政奏者にて候が、関ヶ原にて肩先に手負はれ候に付、白き布にてゆひ、首にかけ、片手附にての作法、容儀、勢ひ、見事なる事言葉にも述べ難し。天下無双、英雄勇士、百世の鑑《かがみ》とすべき武夫なり

同輩から「若衆」とののしられ、先輩からは糠味噌汁でマウンティングされ、戦いの前

＊元亀《げんき》三年（一五七二）、三方ヶ原の合戦の際に、武田軍に追い詰められた家康は、敗走中に恐怖のあまり馬上で脱糞したといわれている

には白髪の老武士に取りすがって泣いていた若武者も、戦いのなかで成長し、八介と称された名門中の名門にふさわしい、いやそれ以上の男に育っていたようである。

関ケ原での傷が元で亡くなったとよく言われるが、彼の死は関ケ原の戦いから一年半後の慶長七年（一六〇二）二月一日なので関係はあったとしても間接的なものだろう。むしろ、日本を東西に真っ二つに分けた大戦の後始末、事実上の天下の差配を任されたことによる過労の方に原因はあったように思う。

西軍の総大将だった毛利《もうり》家との講和、長宗我部《ちようそかべ》家からの領地の回収、島津家との和平交渉。どれか一つでも気が遠くなりそうな難事業を、手負いの体ですべてやり遂げ、そして、為すべき仕事を終えると、たちまちのうちに世を去ってしまった。

先述の通り、江戸時代に入ると、糠味噌はもっぱらぬか床に使われ、調味料としては影が薄くなる。豊かになり大豆味噌が普及したためで、糠味噌汁を食べないで済む世が訪れたわけだが、直政はその新しい世を見ることはできなかった。だが、幕末まで、二六五年続く平和の礎石を、ズシリと据えたのは、間違いなくこの可愛くて健気《けなげ》な赤鬼なのである。

第三章　芋がら縄

戦国時代のインスタントスープ

戦場ライフハック集『雑兵物語』

うだつの上がらなそうな雑兵《ぞうひょう》が、焚火《たきび》を囲み、目をしょぼしょぼさせながら、ぶつくさぶつくさ語り合っている。

『雑兵物語』（天和から貞享〈一六八一～八七〉成立）を読んでいると、そんな情景が自然と目に浮かぶ。

松平信綱《のぶつな》の五子で、高崎城主・松平信興《のぶおき》が著したという『雑兵物語』は、大坂の陣（一六一四および一五）どころか、島原の乱（一六三七～三八）すら遠い昔になり、泰平に慣れ、何事も軟弱浮薄に流れがちな家臣たちに、戦の何たるかを教え示すために書かれたという。

信興が実際に戦国の生き残りからヒヤリングしたのか、あるいは原本があったかは分からないが、漢語調ではなく、口語で記されている。木訥《ぼくとつ》とした口調は、却って戦場のむごたらしい実相を浮き彫りにするようで、あまりのリアリティに時に肌が粟立《あわだ》つ思いをする。

是《これ》は台所人だと見へて、膾《なます》つくるべいとて、大きな小刀をさいた所で、下からその小刀をひん抜いて、下散の間よりつゝ込、はね返し、上にのりて、鷹匠《たかじょう》の鳥のまるをくるやうにしてさし殺した。

絵巻物『雑兵物語』。左の茂助という雑兵は、陣笠で飯を炊いている
東京国立博物館蔵 Image:TNMImage Archives

「この男は料理人だったのだろう、なますでもつくるべいと思って持っていたのか、包丁《ほうちょう》のような小刀《こがたな》を差していたので、押さえつけられた下からその小刀をひっこぬいて、よろいのたれのあいだから突っこみ、上になった男をはねかえし、逆に敵の上に馬乗りになって、鷹《たか》狩りの狩人《かりうど》が鷹の餌《えさ》にする鶴の肝《きも》でもえぐりとるように簡単に刺し殺した」（現代語訳は、かも よしひさ訳『現代語訳　雑兵物語』による。以下同）

「よくねらいをつけてこの鉄砲でぶっ叩いたら、うまい具合に敵の頭へ鉄砲の照準《しょうじゅん》目当《めあて》までぶちこんだ、平らな柿頭の敵はすぐくたばったので、柿のへたをもぎとるように首をと

った」

「おれの頭の片すみへ矢が一本とまりやがったのでひんぬいたが、矢竹《やだけ》はひっこぬけたが矢じりがひっかかってぬけない、頭から角《つの》を一本はやしたようになって一角仙人《いっかくせんにん》みたいだと皆さんが笑いなさる」

『雑兵物語』は、戦場でいかに生き抜くかを教え示す、ノウハウ集でもあるから、「へー」と思う食にまつわるライフハックもたくさんある。

「梅干しは喰えばもちろんだが、なめただけでものどがかわくものだから、命のあるべいあいだは、そのひとつの梅干しを大切にして、息切れ直しにとり出してちょっと見て、又もとの袋にしまいこんでおきガツガツ喰わないもんだ」

「こしょうの実《み》はいくさに出る日数分だけいるべいぞ。夏でも冬でも、朝こしょうをひと粒ずつかじっていれば、寒さにも暑さにもあたらないですむからな、こしょうは梅干しとちがって、たくさんいるべいぞ」

「唐辛子《とうがらし》をすりつぶして、尻《しり》から足のつま先までぬっておくと、こごえないですむもんだぞ」

なかでも次の記事が面白い。

「荷物をしばっておいた縄は里芋《さといも》のくいきをよく干して縄にないあげ、味噌で味をつけて煮てから荷縄にしてきたから、その縄をきざんで水にぶっこみ、火にかけてこねまわせばちょうどいい味噌汁の実《み》になるべいぞ」

味噌汁が出来る縄。「芋がら縄」である。

戦国時代の食を紹介した書籍や、ネットの記事のなかでは、戦国のインスタントスープとして紹介しているものも多い。

なんとも男心をくすぐる魅惑的なアイテムだ。

十五夜と里芋

まずは材料の里芋の茎（ズイキ）をゲットしないことには始まらない。

ちょうど、帰省する時期だったので、故郷の宮崎で手に入れることにした。

「里芋、里芋」

と思いながら、機上、宮崎の空に浮かぶ入道雲を眺めていたら、ふと里芋にまつわる記憶がよみがえってきた。

私が小学校三年の時なので、もう三〇年くらい前になる。今はどうか知らないが、当時の宮崎には十五夜という行事があった。「そんなものどこにでもある」といわれるかもしれないが、宮崎の十五夜はちょっと変わっていた。ハロウィンに似て、夜、子供たちは家々を回り、チャイムを鳴らすと「トリックオアトリート」ではなく「十五夜ください」と言う。すると、家の人から団子やお菓子を貰えるのだ。東京、大阪、福岡といった都市圏の人に話すと目を丸くされたので、宮崎独自のものと思っていたが、日本各地に似た風俗があり、「お月見泥棒」といった名前で呼ばれるところも多いという。

十五夜が近くなると子供たちは皆そわそわしだし、前年の収穫を振り返りながら、どういったルートで回ろうかと作戦を立てる。

この年、とあるおばあちゃんの家に「十五夜ください」と言いに行ったが、用意していた団子もお菓子も、私たちが来た時にはすべてなくなってしまっていた。

おばあちゃんがすまなそうに、「お供えもので余ったものならこんなものがあるけど」と言って持ってきたのが、皮つきのまま蒸した里芋だった。

友達同士で顔を見合わせた。

もちろん食べたことがないわけではなかったが、里芋は味噌汁や煮っころがしになるものだと思っていて、こんな風に丸のまま出されたことはなかった。

しかし、彼女は里芋に塩をふると、爪をたて皮を少しむいてみせた。

そして、

「こんげして食べたらええ」

と言ってかじって見せたあと、私たち一人ひとりに里芋を渡した。

さびしく物足りない気持ちで、友達と歩きながら、里芋を一口食べると、土臭いにおいが口いっぱいに広がった。

空に月だけが大きかったことをよく覚えている。

日本人の深層心理に眠る主食だった「イモ」

おばあちゃんからもらって、違和感を抱いた里芋だが、十五夜の作法上はまったく正しい。十五夜は芋名月《いもめいげつ》ともいい、里芋は月見団子、ススキや栗と並んで正式な供え物の一つなのだ。

月見は中国から渡来した文化だが、それ以前から日本には、獲れたての芋を供えて感謝をささげる収穫祭があった。本来二つは別々の儀礼だが、たまたまタイミングが同じだったため融合し、月見に里芋が供えられるようになったという。

ちなみに、月見団子も今でこそ主役然として三方という台の上に載っているが、本来は里芋がその地位を占めるべきものらしい。その証拠に、『守貞謾稿《もりさだまんこう》』には、江戸時代後期の京坂ではサトイモの形をした月見団子が供えられていたと記録されている。月見団子はもともと里芋を模したものだったのだ。

月見団子が象徴しているように、米が渡来する以前、里芋は日本人にとって、最も重要な食物の一つで、縄文時代には主食に近い存在だった。付き合いの長さからいえば、米よりも断然古く、その地位を後から奪われたのである。

里芋は東南アジア原産でタロイモの仲間だ。タロイモは栄養が豊富で、伝統的生活を営む南洋諸島の部族のなかには、主食にする場合も多い。例えば、ポリネシアではタロイモをペースト状にした「ポイ」という食物を主食にしている。根っこはもちろん、茎も葉も利用する。インドでは市場で里芋の葉が山盛りになって売られていて、この葉で肉を包み、蒸し焼きなどにするそうである。また、ハワイではタロイモはカロと呼ばれ、豚肉をその若葉で包んで蒸し焼きにするラウラウという料理がある。ハワイ先住民の神話には、祖先のハーロアの死産した兄弟からカロができたとされて、大切にされてきたのだ。

神の死体から作物ができるという話でピンと来た方も多いだろうが、この神話は日本の『古事記』のオオゲツヒメの話と同型のものである。

『古事記』では、高天原《たかまのはら》を追放されたスサノオノミコトが、オオゲツヒメに食物を求めたところ、この女神はどんなものでも出すことが出来た。不審に思ったスサノオノミコトが、まかないをするオオゲツヒメの様子を盗み見したところ、鼻や口、尻から作物を出し、調理していた。穢《きたな》いものを食べさせられたと激怒したスサノオノミコトは、オオゲツヒメを切り殺す。すると、女神の死体の、頭から蚕《かいこ》が、目から稲が、耳から粟が、鼻から小豆が、陰部から麦が、尻から大豆が生まれたのだった。こうした形式の神話をハイヌウェレ型神話と呼ぶ。東南アジアから南洋諸島、中南米、アフリカまで広く分布し、もともとは芋類を切断し土に埋めると、再生するところから、生まれた神話なのだという。

ただ、面白いのは、日本のオオゲツヒメの神話の場合、肝心の芋が生まれていないことである。

「赤米」の章で述べた通り、日本の歴史は、そのまま米の歴史であり、国土を稲穂で埋め尽くそうとした衝動こそが、民族を動かす原動力と言えるのかもしれない。

昭和三〇年代にその努力は実り、本当に国土は稲穂で覆いつくされたかのように見えた。しかし、その黄金色の地表にメスを入れ、白米をかい出し、かい出ししたところ、「イモ」を発見したのが民俗学者の坪井洋文である。坪井はその著作『イモと日本人』のなかで、餅《もち》ではなく芋を食べる、芋正月の事例を丹念に採取する。


「熊本県球磨《くま》郡五木村平野や梶原部落では、元日の朝には、年末の二九日に炊いておいた里芋（親芋も子芋も）を椀に入れて、雑煮《ぞうに》を祝う前にまず食べることがおこなわれ、これをイモカンと呼んでいる。そして、雑煮の中には餅とともに子芋を入れるが、イモカンはイモだけを食べるものであるという」

餅ではなく、芋を使用する理由について、「昔、先祖が冷飯とイモを食べて財をなしたことを偲ぶため」などという理由が述べられる場合もあるが、これもオオゲツヒメの神話と同様に芋が米に置き換えられたものなのだろう。

つまり、もともと日本の多くの地方では、里芋が主要な作物で、正月にも正式な供物とされていたのだ。それが、水田耕作の導入とともに、芋は耕地の隅に押しやられ、食卓でも主食ではなくなった。だが、正月儀礼の供物の役割だけは残り、それを正当化するもっともらしい物語が、後付けで作られたようなのだ。

十五夜に、糯米で作った月見団子をわざわざ里芋の形にしてから供えるように、日本人は里芋に何となく後ろめたさを感じているようだ。私たちの深層心理の底には、「イモ」が眠っているのである。

十五夜。

この夜の祭りの供物が里芋なのは、この辺りの機微を反映しているからなのかもしれない。

私の父母の生まれた村は、陸の孤島と言ってよいほどに、宮崎のなかでも田舎のところだが、墓参りの後、伯母に里芋を栽培している場所に連れて行ってもらった。

「昔は豆がよう育っていい畑やったっちゃけど、今はよう手入れも出来んで、少ししかならん」

そうこぼした畑はなるほど雑草がはびこってはいたが、大豆は埋もれそうになりながらちゃんとなっていたし、柵にはゴーヤがいくつも実をつけていた。

里芋は隅に固まって茂っていて、その様子は、南国の宮崎のなかでも、目立って南国的だった。葉がとにかく大きく、水をはじくので、夕立ちの名残の水玉が、その上でコロコロと転がっている。重い葉を支える茎も太くたくましい。全体的な雰囲気が控えめな日本の作物のなかで、異質といっていいほどの生命力に満ち、近づくとなんだか足がすくむようである。

「かぶれるから伯母ちゃんが取ってきてやるな」

といって伯母が里芋の葉と茎を刈り、ビニール袋に入れてくれた。

「アクが強いから直に触ったら駄目ぞ。かぶるっからね」

この忠告をちゃんと聞かなかったばかりにとんでもない目にあったのは、「糠《ぬか》味噌汁」の章で話した通りである。

ズイキを乾燥させて作った芋がらを編んだもの

つまみにピッタリの芋がら縄

自宅へ戻った後、まずは芋がらづくりから、はじめてみた。

里芋の茎（ズイキ）の断面はスポンジ状で、押した感じもちょっと似ている。

皮を丁寧にむいた後、かごに入れ、風通しと日当たりのよい場所で二週間ほど干すと、まず「芋がら」が出来上がる。

干すと結構縮むので、縄と言うので編んでみたが、写真のような短いものしか作れなかった。当時は、印籠《いんろう》や火薬入れなど、小物を帯からぶら下げるストラップ的な使い方をしたのかもしれない。

これを一旦、水で戻した後、味噌で煮詰めなくてはいけないのだが、味噌汁にすることを考えると塩分が強いものがよいと思い、塩辛い味噌を使った。塩分濃度、十二パーセントである。これでコトコト小半時ほど煮込み、煮汁が無くなったところで取り上げ、再びかごのなかに入れて干した。

そして、また風通しと日当たりのよい場所で二週間、やっと出来上がった。

表面はしとっとして、鼻を近づけると、ほのかに味噌と日向《ひなた》のにおいがする。少し千切って、そのまま食べてみた。

「美味い！」

この本では、まずいものを食べるはずだったが、これは本当に美味しい。

食文化史研究家の永山久夫は『戦国の食術』のなかでスルメのようと形容しているが、確かに似ている。嚙《か》み応えがあり、嚙みしめると味噌と芋がらのうまみが絡み合いながら染み出てくる。酒のつまみになりそうな味である。ちょっと試しにと思い、マヨネーズと唐辛子を絡めて食べてみると、ますます美味しくなった。わざわざ作ってみようと思う奇特な人がいれば、ぜひ試してほしい。晩酌のつまみの定番になるかもしれない。

戦国のインスタントスープ。味噌で煮込んで乾燥させた芋がら縄を湯に浸したもの

戦場のインスタントスープの実力は？

次は、いよいよ、味噌汁づくりである。

本当に芋がら縄だけで出来るんだろうか？

まずハサミでいくつか切り取った後、器に入れ、沸かしたお湯を注いでみた。一分かそこらで芋がらがゆるゆるとほぐれ、表面の味噌もはがれてくる。それを箸でこね回したが、色はそれほど変わらず、湯は澄み切ったままである。

（大丈夫かな？）

と思いつつ、すすってみると、うまみ、塩気をちゃんと感じる。上品なおすましに近い味だった。戻した芋がらもふんわり柔らかく、噛みしめると歯ごたえもあってうまい。

だが、それでも味がうすい。

『雑兵物語』では、「火にかけてこねまわせば」と書かれてあったので、煮込んだ方がよいのかもしれない。

今度は鍋に水を注いだ後、芋がら縄を切って入れ、火にかけてみた。味噌汁の鉄則、「煮立つ寸前に火を止める」は破ることになるが、煮込みながら一分ほどたつと、お湯の色が目立って変わってきた。おすましではなく、味噌汁の色である。香りも湯気とともに立ち上る。はがれた味噌がお湯のなかで踊っていたので、それをこね回しつつ、三分ほどたったところで火を止めた。

すすってみると、味噌汁の味になっている。

出しを取らなくても、芋がらからうまみが染み出ているのだろう。出しを取り忘れた時のような、コクのない味ではなく、確かに深みがある。でも、やっぱりうまみと特に塩気が足りないのである。陣中食とは思えない、淡く、優しい、言ってはなんだが病院で出される食事のような味付けである。重労働の雑兵たちは塩分に餓えていたはずで、こんな病院食のような味では我慢できなかったはずだ。そこで、塩を足してみた。すると、「お〜、これだ、これだ」としっくり来る味になった。当時も塩などを足して味を調えていたのだろうか。

総括すると、戦国時代のインスタントスープという異名は虚名ではないようだが、長陣の際に汁ものがこれだけだったらへたばってしまう。味噌がつきてしまった場合の、予備食と考えた方がよいのかもしれない。

物乞いの生き方がお手本

芋がら縄は、米だけで語られてきた日本の歴史の伏流に、里芋で紡がれてきた別の物語があることを伝えるだけでなく、英雄譚《たん》ではない、雑兵の言葉で語られる、もう一つの戦国時代の物語の存在に気づかせてくれたようである。

あまり単純化しては危険だが、侍は米の世界の住人なのだ。

それに対して、雑兵を含む庶民は、麦や雑穀、そして芋の世界を生きていた。

「糠味噌汁」の章では辛口の評価になったが、大久保忠世《ただよ》がわざわざ芋汁の会を開いたのも、エリート中のエリートで、米の上澄みを生きる直政に里芋を食べさせることで、この世を高みでなく、低みから見る方法を教えてやろうとしたのかもしれない。

雑兵たちも、侍の使うような言葉は使えないが、里芋の茎とか、馬柄杓《びしゃく》とか、荷縄とか、田螺《たにし》といった小さな言葉でだったら、戦場を語ることが出来た。

そして、彼らの言葉は、時に侍の言葉などよりずっと鋭く、戦国の実相を抉《えぐ》り出すようである。

雑兵は語る。

「おえら方のおさむらい衆やおまえさまなどは、強そうにいかめしいかっこうをなさってはいるべいが、暑い時や寒い時、腹がへった時や眠りたい時に、自分の身体をどうやってもたせていくかをおれほどにはお知りなされまい。ともかく、乞食《こじき》の生き方を、陣中ではお手本になさるのが一番でござります」(かも よしひさ訳『現代語訳 雑兵物語』)

芋がら縄を嚙みしめて感じる思わぬうまさは、華やかな英雄たちの脇で、しいたげられ、ないがしろにされてきた、雑兵たちの案外な強《したた》かさ、そして矜持《きょうじ》なのかもしれない。

第四章　干し飯

最重要の保存食を腐らせた武将とは？

干し飯出来るかな？

干し飯《ほしいい》。恥ずかしながら白状すると、一度も実物を見たことがなかった。歴史を扱った漫画や小説によく登場するので、何となく知ったつもりで、中年になってしまったのである。

だが、簡単にできるだろう。

炊いた米を干せばよいのである。

冷凍庫に凍らせてあった米をレンジでチンして、ざっくり洗った後、ざるに盛って日当たりと風通しのよいところに置く。季節は七月、日差しも盛んである。あとは三、四日待つだけでできるだろう。

簡単、簡単。

道明寺糒

失敗した。

ものの見事に腐らせてしまった。

もし、私が戦国時代の奉公人なら殿様から薪《まき》ざっぽうで叩き殺されていたに違いない。

一日目の天気は良かったが、二日目は急に大雨。慌ててざるのなかを確かめてみたら、ちゃんと乾いていたので安心していた。ところが三日目になって変なにおいがし出した。指を差し入れてみると、乾いていたのは表面の米粒だけで、奥の方は湿ったままだった。上下を入れ替えてもう一日様子を見たが駄目だった。においは強くなるし、色まで変わってきた。仕方ないので、泣く泣く廃棄した。

惨敗である。

干し飯をなめていた。

そもそも、三〇年くらい前の学研まんがの知識で、干し飯を作ろうとした時点で間違っていたのだ。

改めて、古書に目を通す。

まずはこの本でも何度か取り上げている、『本朝食鑑』から。

保之以比《ほしいひ》と訓《よ》む。源　順《みなもとのしたごう》（『和名抄』）が、乾飯のことであるといっている。好い糯米を舂《つ》き、篩《ふる》い、白くなるまで水で洗浄し、煮熟して、そののち毎《つね》に日中に晒乾し、もう一度石臼《いしうす》で磨《つ》き、篩い落として細砂のようにしたものである。

粳米《うるちまい》ではなく糯米《もちごめ》と書いてある。工程も細かい。煮る前と、干した後で、二度搗《つ》き、篩にもかけている。考えていたのと全然違うぞ、と思いながら読み進める。

夏月、冷水に浸して食べると、暑暍《あつさあたり》を能く避ける。上下ともにこれを賞して献賜し、贈り物にする。あるいは兵器の中に貯蔵して、軍糧とすることもある。奥州の仙台で最も盛んに造られ、一番よいものなので、これを献上している。また餅にしたり柚餅《ゆずもち》にしたりするのも佳い。

他の書物にも目を通してみると、『和漢三才図会』の糒《ほしいい》の項には、次のように書かれてあった。

糒は乾飯のことである。糯米を用い、飯を煮る。晒し乾かした後、粗くついて、頭と末を取る。中等のものを取って用いる。夏には冷水に浸してこれをする。奥州仙台、河州道明寺《どうみようじ》で作られるものが最も佳い。お腹が膨れるので、たくさん食べてはいけない。

おお、道明寺。道明寺なら私の住む大阪の内である。

調べてみると、今でも境内で売っているとのこと、早速行ってみることにした。

道明寺はもともと土師《はじ》氏の氏寺で、土師寺といった。土師氏は埴輪《はにわ》を造り、古墳を造営する技術を持った氏族であった。古墳の築造は古代国家の総力をあげたプロジェクトである。土師氏は実入りが多い氏族だったに違いない。道明寺は建立当初は、東西三二〇メートル、南北六四〇メートルの広大な境内に、五重の塔と金堂、七堂伽藍《がらん》を構えた荘厳かつ豪奢なものだったという。彼らはその富にあかせて子弟に熱心な教育を施したようで、平安時代になるとその末裔《まつえい》からとある偉大な学者が輩出される。

菅原道真《すがわらのみちざね》である。

彼自身は現在の奈良市出身だが、墳墓の地である当地に強い執着があった。政争に敗れ大宰府《だざいふ》に左遷《させん》された時も、この寺を訪れ、伯母の覚寿尼《かくじゅに》に「鳴けばこそ別れも憂けれ鶏《とり》の音のなからん里の暁もかな」という歌をささげている。

言い伝えによれば、この覚寿尼が、道真の死後、彼を偲《しの》んで陰膳《かげぜん》を供えていたのだが、

道明寺で手に入れた道明寺糒

そのお下がりが病気に効くと評判になり、乾燥させ貯蔵させたのが道明寺糒の始まりであるという。近世になると、糒づくりは周辺に住む女性たちの、農閑期における恰好の内職になっていたようだ。

道明寺糒の名声は時の権力者たちの耳にも聞こえ、豊臣秀吉、次いでは江戸幕府の将軍たちにも代々献上され、しまいには偽物まで現れ、大坂奉行所が取り締まりに乗り出している。

道明寺糒の栄光の掉尾《ちょうび》を飾るのは、明治期にパリ万博に出品され、金牌《きんぱい》を受領したことだろう。日本が国際社会に、初めて持ち込んだメイドインジャパンは、菅原道真以来のこの糒だったのだ。

さて、道明寺、実際に訪れてみると、そう大きくもない素朴な寺だった。虫取り網を持った小学生くらいの姉弟が境内を駆け回って、蟬《せみ》を追っているのが、いかにも地元の生活の延長にあり、愛され親しまれている寺の有り様を示しているようだった。ところが、その時は糒が売り切れており、二度も訪ねることとなった。とにもかくにも手に入れたのが写真の品である。

由来や製法、糒を利用した調理法を書いた紙もついていて、それによれば、〝「ほしい」は純粋のもちごめを二日間、水につけて、のちむしあげ屋内で十日程乾燥し、のち二〇日程天火で干してから石ウスにかけて仕上げます〟とあり、『本朝食鑑』や『和漢三才図会』の記述とほぼ同じのようだ。残念なことに、糒づくりの内職を続けられていた方は、皆、老齢で亡くなられ、最近は京都の業者から取り寄せているという。

また、〝寒中に作ってあり幾年を過ごしても変質、変色せず、昔は軍糧にしたもので、行軍、山登りなどには欠くことのできないものです〟とも書かれてある。家に持って帰った際、料理好きの妻から「何だ、道明寺粉じゃない。桜餅とかお菓子に使うやつでしょ。いくらでもスーパーマーケットで売ってるわよ」と言われて、拍子抜けしたが、ちゃんとレーション（戦場食）としても使えるようである。

プラスチック容器に糒をあけてみた。『本朝食鑑』では「細砂」と形容されていたが、

細かい砂のような道明寺糒

そんな感じにも見える。白色が光るようできれいである。

〝糒一カップに対し蒸湯一、七カップを入れてフタをして十分程むらした後「あん」又は「きなこ」をつけてお菓子とする〟。紙に書いてある指示に従って、沸騰したお湯を注いで待つこと一〇分。フタを開けてみるとふっくら仕上がっている。においもよい。

スプーンですくって食べてみる。糯米特有のモチっとした食感だが、糒にして砕いているので、プチプチとした心地よい歯ごたえもある。味は何もかけてないので当たり前だが淡白、ただ上品な甘味がほんのり舌に残る。あずきのあんをかけて食べると、もうこれは完全に緑茶にあいそうなお菓子である。

美味しい。

一合をお湯で戻すと結構な分量になるので、残りは妻がピーナッツパウダーとシナモン、あんこを混ぜ粽《ちまき》にしてくれたが、これも美味しかった。偏食の二歳の我が子が目の色を変えて食べたほどだ。

しかし、何か違和感がある。

これは干し飯のなかでもずいぶん洗練されたものではなかろうか。何といっても、豊臣秀吉はじめ、代々の江戸幕府将軍など、時の権力者に献上されていたものなのだ。

やはり、当時一般に食べられていたものと同じものを食べようと思ったら、自分で作ってみるのがいちばんのような気がする。

式年遷宮の原点?

原点に立ち返り、古代からさかのぼって干し飯について調べてみる。

日本史における干し飯の初出は、『日本書紀』の允恭《いんぎょう》天皇七年(四一八)の記事である。天皇の命令で衣通郎姫《そとほしのいらつめ》という美少女のもとに遣わされた中臣烏賊津使主《なかとみのいかつのおみ》は、庭先で七日間もじっと伏し続けることで、姫を根負けさせることに成功した。その際、中臣烏賊津使主は姫の出す食べ物を一切食べず、「こんな忠臣を死なせてしまったら、天皇がどう思うか」と衣通郎姫を心配させているのだが、その実、衣のうちに干し飯を忍ばせており、それをつまむことで餓えをしのいでいたのだった。この記事からは、干し飯は歴史に登場した当初から、その保存性と携帯性を重宝されていたことが分かる。

また、正倉院文書におさめられている正税帳《しょうぜいちょう》をみると、田租《でんそ》として、穀、穎稲《えいとう》と並んで、糒が記録されている。穎稲は耳慣れない言葉だが稲穂がついたままの状態の稲のことで、穀は脱穀した米のことを指す。律令時代、一般的に租（税）は穎稲で納めるのが原則であった。納める側からすれば、刈り取ったままの状態の穎稲が最も手間がかからず、次が穀、蒸したり、干したりする必要のある糒は最も面倒だったはずだが、それでも正税帳に記録されているのは、国の糒蔵《ほしいぞう》に備蓄されていたものを穎稲や穀の補完として、納めたのだろう。

何といっても、干し飯は保存がきくのである。

大宝令の段階からあったといわれる倉庫令には次のように書かれてある。

「凡倉貯積者……糒支廿年」

糒、干し飯は二〇年、蔵のなかに貯蔵しておきなさいというのである。そして、この二〇年は意外なこととリンクする。

元靖國神社宮司の小堀邦夫が唱えている説だが、伊勢神宮の式年遷宮の二〇年という周期は、干し飯の保存期間である二〇年から来ているという。その米の命の続く限界を、国の命の限界とみなし、干し飯が日本最大の死と再生の祭りを執りおこなうことにしたというのである。

ただの保存食とは違うのだ。腐らせている場合ではない。

命をつなぐ干し飯

国家などという壮大な話を持ち出さなくても、干し飯は人々の傍らに常にあり、特に旅人の最良の友だった。在原業平がモデルの「身をえうなきものに思ひなし」た男の東への旅を描いた『伊勢物語』には、

その沢のほとりの木の陰におりゐて、乾飯《かれいひ》食ひけり。その沢にかきつばたいとおもし

ろく咲きたり。それを見てある人のいはく、「かきつばたといふ五文字《いつもじ》を句の上にすゑて、旅の心をよめ」といひければ、よめる、「から衣　きつつなれにし　つましあれば　はるばるきぬる　たびをしぞ思ふ」と読めりければ、皆人、乾飯の上に涙おとしてほとびにけり

とある。平安時代初期から、干し飯は、旅人の命を守り、その涙を受け止め続けてきたのである。

旅人だけでなく兵の命をつないできたのも干し飯だ。

はやくも古代律令の兵事に関する規定を定めた軍防令、「兵士備糒条」に「凡《およ》ソ兵士ハ人別ニ糒六斗《と》、塩二升《しょう》備ヘヨ」と記されている。『日本後紀』にも、阿弖流為《あてるい》らを処刑した翌々年にあたる、延暦二三年（八〇四）、蝦夷を征討するため、坂東、および陸奥国の糒一万四三一五石を陸奥国小田郡の中山柵に運んだという記事がある。同時に米も運び込まれているのだが、こちらは九六八五石と糒よりも若干少ない数値になっているのも興味深い。

もちろん、戦国時代にも干し飯は重要な戦略物資だった。

それを端的に示す逸話が十六世紀末に成立したとされる『義残後覚《ぎざんこうかく》』に記録されている。

明智光秀が主君織田信長を本能寺の変（一五八二）で討った後、京都の町衆に、

「明日西国に出陣するので、京の町の者は御礼に参上しなさい。東寺の四ツ塚にて承ります」

とお触れを出した。

京の町衆は「かしこまり候」と四ツ塚に出かけ、饅頭、粽、餅、あるいは樽、肴《さかな》、菓子など、思い思いの品を献上した。

だが、異を唱えるものもいて、

「そういう品は世が静まり、お互い裃《かみしも》などを着て、御館にて受け付けられる時は、ふさわしいだろうが、すでに甲冑《かっちゅう》を着け、旗指物も掲げ、馬、武具が黒煙を立てて馳せまわっているのである。しかも場所は鳥羽の野っ原。こんな時は、干し飯こそふさわしい品であろう」

彼らはそう言って干し飯を献上した。

そのうちに、光秀が四ツ塚に現れ、進物のなかに干し飯があるのを見つけて「心得た者

もいるものだ」と殊の外喜んだ。そして、「洛中の礼を受けた以上、お返しがなくてはならない。今後、町中の地子《じし》役を免除する」と言ったので、京の町衆は皆「有り難し」と喜んだ。

当時、干し飯は戦場へ向かう者への最大の手向けだったようだ。この後、ご存じの通り光秀を悲劇的な運命が待つ。

干し飯リベンジ

さて、干し飯の知識も大分充実してきたところで、雪辱戦である。

空の様子と天気予報をしっかり見極め、少なくとも三日以上好天が続く日を狙って、水少なめで米を炊く。炊きあがり後は、米をしっかり洗い、今度はざるではなく、干し野菜用のネットに直接、一粒一粒、バラバラに撒《ま》くようにして入れた。

そして、待つこと四日。

ついに完成である。

今度はまったくにおいもなく、色もきれいな白色である。

ついに完成した「干し飯」

さっそく、かじってみる……うん、炊飯器の縁《ふち》に残ってるカピカピになった米の味だ。ただ、干したばっかりのせいか、お日さまのにおいもほのかにする。これだけかじって七日間、我慢した中臣烏賊津使主《なかとみのいかつのおみ》は凄い根性の持ち主だったに違いない。

しかし、水なしでも何とか食べられるというのは、戦いや旅の時には、今では考えられないほど、便利で有難いことだった。関ケ原の戦い（一六〇〇）の時のことだが、こんな話が残っている。

東軍の勝利で戦いが終わった後、まだ熱気もさめやらぬ戦場に、申《さる》の刻《こく》（午後四時前後）から大雨が降りだした。車軸を流す雨のせいで、飯を炊くこともできないありさまになった。

するると、家康の本陣から使番が飛び出し、諸陣を駆け巡って次のように触れた。

「こんな時は、餓えのために生米を食べる輩が出てくるものだ。それではお腹を壊してしまう。今から米をよくよく水に浸しておき、戌《いぬ》の刻（午後八時前後）になってから食べるように」

その心遣いに諸軍は皆深く感じ入ったという。

家康という人が雑兵と同じ目線の生活感覚を持っていたことを示すエピソードで、案外、戦略とか戦後処理の妙などよりも、天下分け目の戦いが終わってすぐに、兵たちの腹具合を心配するという、細やかさにこそ、彼が最終的に天下を取る理由を見ることができる。

この時、生米しか持たない兵は申の刻から戌の刻までの四時間、空きっ腹を我慢しなくてはならなかったが、干し飯をちゃんと持ってきた兵はそのまま食べてもかまわないわけだ。妬まし気な視線を随分浴びたことだろう。

ただ、そんなことを思い浮かべながら噛《か》んでも、やっぱり口中の干し飯はそんなに美味しくはないのだった。

お湯を加えて戻した干し飯

そこで、お湯で戻すこともやってみた。塩を少し振ったあと、沸騰したお湯を注ぎ、待つこと一〇分。見た目はお湯を吸って戻っているように見える。実食してみると芯が残っている感じだった。しかし、十分食べられる。塩も振っているので、結構美味しい。旅先や戦場なら栄養はともかく、エネルギーを手っ取り早くとれるので、なかなか便利だっただろう。

次に冷水に浸すのもやってみる。こちらは関ケ原の逸話にあやかり、干し飯だが四時間漬けてみた。すると、しっかり吸水して水は見えなくなっていた。芯はわずかに残っていたが、普通に炊飯したご飯が冷えたものに近い。夏だったので、まだわずかに残った水と共に、流し込むと、なかなか心地よい。

大御所・家康のご指示に従い、一応、生米も試してみた。

が、四時間たっても吸水した気配がない。食べてもとにかく固いし、噛んでも噛んでも甘くならない。美味しくない、というかつまらない。食事というか苦役である。何とか飲み下した。ただ、大御所さまのご加護か食べた後も、お腹は痛くならなかった。地震などの天災の際、生米しかなく、火も使えないという状況の時は、試してみてもよいかもしれない。

天下無双も作り損ねた干し飯

干し飯を一度駄目にしてしまったことは、米一粒に七つの神が宿ると言われて育った田舎ものの人間にはなかなかショックなことだった。何となくくさくさしていたら、干し飯にまつわる立花宗茂《むねしげ》の逸話を見つけた。

宗茂は豊臣秀吉から、本多忠勝と並んで、天下無双と称された武将で、とにかく戦《いくさ》に強かった。実父が岩屋城玉砕*で著名な高橋紹運《じょううん》、養父が武田信玄をして一度会ってみたいと言わしめた雷将、立花道雪《どうせつ》。武の血統で言えばこれ以上ないサラブレッドである。紹運も道雪も、衰運にある主家・大友家のために獅子奮迅《ししふんじん》の活躍をしたが、宗茂の戦いぶりはそれ以上のもので、島津家の九州統一の野望が頓挫《とんざ》したのは、彼の武略によるところが大きい。独立の大名として豊臣政権に加わった後も着々と武勲を重ね、特に文禄《ぶんろく》の役（一五九二）の際、碧蹄館《へきていかん》の戦いにおいて、明将・李如松の軍に真っ先駆けて突撃し、勝利のきっかけを掴んだのは、その武名を千載に残すものと言えるだろう。関ケ原の戦いでも、西軍方として、大津城攻めなど、その武勇をいかんなく発揮したが、肝心の本戦で西軍を率いる石田三成が敗れてしまった。宗茂も改易の憂き目にあい、浪人することになる。

上方で十数人の家来とともに生活していたが、戦場で艱難辛苦《かんなんしんく》を舐《な》めたようでも、そこはお坊ちゃま、家計はもっぱら家来たちの内職に支えてもらっていた。家臣たちを働かせて、自分は悠々自適というのは、真田昌幸《まさゆき》・信繁《のぶしげ》父子を思わせるところがあるが、宗茂も徹底的に生活感覚に欠けた人物で、雑炊《ぞうすい》も見たことがなかった。雑炊はもともと「増水」と書く。米が足りないのを、水や雑穀、野草などでかさましした食べ物である。

貧窮のため、家臣が泣く泣くその雑炊を出したところ、

＊天正《てんしょう》十四年（一五八六）七月、島津勢が大友氏の家臣の高橋紹運がこもる岩屋城を落とした戦いのこと（岩屋城の戦い）

「汁かけご飯くらい自分で作れる。勝手に汁をかけるなんて、なんで余計なことをするんだ」

と腹をたてたという。

北条氏政にも汁かけエピソードがあるが、あちらでは氏政の凡庸さをけなす話になっているのに対し、こちらでは宗茂の育ちの良さを表わしたものになっている。人の評価なんていい加減なものである。

それはともかく、宗茂は干し飯に関してもエピソードがある。同じく流浪時代、家臣たちが宗茂一人を屋敷に残して仕事に出かけていたところ、急に雨が降り出した。折あしく、屋敷の庭には干し飯を作るため、むしろに米を広げて干していた。

大慌てで帰る途中、家臣の一人が、

「殿様もさすがに気をきかせて米を取り込んでいるのではないか」

と言った。

すると別の者が、

「いや、殿はこのままでは終わらぬと大志を抱いておられるはず。米ごときに気を取られるはずがないわ」

と言い返した。

屋敷につくと、果たして宗茂は雨などどこ吹く風、のんびりと書見していた。もちろん干し飯は台無しである。

しかし、家臣たちは、

「さすが我が殿。米だの干し飯だのの些事にとらわれぬのは大器の証拠。ご武運、未だつきぬ」

そう涙を流して喜んだのだった。

このエピソードは、初出がどこか調べてみた。一向に見つからず困っていた時に、小説家の砂原浩太朗が雑誌に載せた記事を見つけた。

どうも元は海音寺潮五郎が、「立花一族」(『武将列伝』に収載)で紹介している話で、宗茂が治めた筑後柳川(福岡県柳川市)に伝承されているものらしい。

類似の話がほかの武将にもあるようなので、本当のことかどうかはちょっと疑わしいが、とにかく戦に強く、知恵もずいぶん回るのに、世間知というものは皆目なく、底抜けにお人よしだったこの人には似つかわしい逸話である。虚構だとしても、その人柄を伝えるための虚構といってよいだろう。

そう、宗茂だって干し飯をだめにしたのだ。

干し飯をだめにした私も、天下無双は無理でも、小説家としてひとかどの者になれるかもしれないではないか。

そう考えると、干し飯を腐らせて以来、くさくさしていた気持ちも、ほんの少し晴れるようであった。

第五章　スギナ

はなはだ食べづらきもの　真田信之の述懐

スギナを食べたことがあるか？　真田信之の逸話

以下は、武家の逸話を綴《つづ》った『続武家閑談』や『武人百話』に記載されている話である。

真田信之《のぶゆき》が国元の信州上田（長野県上田市）を船で川下りしていると、川岸の岩にスギナがはびこっているのが見えた。それを指さして、同乗している家来に、

「このなかでスギナを食べたことがあるものはいるか？」

と聞くと、家来はみな首を横に振った。

「あいにく試したことはありません」

信之はカラカラと笑い、

「それが泰平の恩というものよ。武田家が没落した時、あまりのひもじさに、道すがら食べたことがあるが、とにかく食べにくい（甚《はなは》だ用い難《がた》き）ものだった。稗粥《ひえがゆ》も食べたが、これまた、美味しくなかった。だが、このような苦労をしたからこそ、今、お前たちを安穏に扶持《ふち》できる徳に与ったのだ」

信之が上田にいたのは、大坂の陣直後の元和《げんな》二年（一六一六）から、松代（長野市松代町）

に転封《てんぽう》される元和八年（一六二二）まで。先の挿話はその六年の間に起きた出来事ということになる。

一方、武田勝頼《かつより》が没落したのは、天正一〇年（一五八二）なので、その間、実に約四〇年の時がたっている。それだけの時間がたってなお、はなはだ食べにくいものだったと、信之が述懐したスギナ。

どんな味なのだろうか？

実は地上を制覇していた？　数十メートルのスギナの深い森

スギナといえば、生命力の強い雑草の代表。現在も農家の嫌われ者である。

探してみたが、シーズンを少し外れていたせいか（この章を書いたのは七月上旬）、近所の川原や緑地公園では見つからなかった。

子供の頃、祖父が「こん、外道草《げどうぐさ》が」と怒鳴りながら、田んぼの畔《あぜ》に生えているのを引っこ抜いていたものだけど……と思いつつ、田舎に連絡してみたところ、母の友人宅の庭に生えているとのこと。

早速、送ってもらった。

スギナ。繁殖力が強く駆除が困難な雑草とされる ©shutterstock

やはり、普段見なれたキャベツやレタスなどの葉野菜とは迫力が違う。「簡単には消化されんぞ！」という雑草魂を感じる。ちなみに、『雑草キャラクター図鑑』によると、スギナは「恐竜時代から生き続ける雑草界のレジェンド」で、三億年前の石炭紀には、高さ数十メートルにも及ぶ深い森を作っていたという。また、「つくし誰の子、すぎなの子」とよく誤解されているが、つくしが成長してスギナになるわけではない。つくしは早春に地下茎から伸びる胞子茎で、その後に、栄養茎のスギナが出てくる。簡単に言うと、つくしは花、スギナは葉なわけである。もっとも、スギナは先述した通り、原始から形態の変わっていない植物なので、葉と茎が明確に分化しておらず、葉のように見える部分も、実は茎と同じ構造をしているとのこと。

しかし、高さ数十メートルのスギナによってできた深い森……。巨大な虫も飛び交っていただろうし、その森に踏み入った時の、闇の濃さを思うとたじろぐものを感じる。

まったく食欲は湧かないが、まずは生でかじってみる。

……。

実際食べた人によれば苦いということだが、新芽の時期を過ぎているせいか、あまり味がしない。

針みたいな葉は嚙《か》むと、案外たわいなく折れる。それも、ポキッじゃなく、グニャリと手ごたえがない感じ。香りは、粽《ちまき》に似たにおいがかすかにする程度。

正直、思ったほどのインパクトはない。

実はミネラル豊富。スギナの栄養成分

栄養成分を調べてみると、実は、ミネラル豊富なスギナは健康食材として隠れた人気があり、インターネット上には佃煮や、お茶、ふりかけなど、様々なレシピが転がっている。

日本だけでなく、中国では「問荊《もんけい》」という腎臓炎などに効く薬として使われ、ヨーロッパ

湯がいたスギナ

でもハーブティーとして飲まれることがあるそうだ。また、人類との付き合いの歴史も古く、ネアンデルタール人の埋葬跡であるイラクのシャニダール洞窟では、色鮮やかな花とともに、スギナも手向けられていたことも分かっている。

ただ、主君であった武田勝頼の敗戦によって逃避行中の真田信之には、採ったスギナを佃煮やお茶にするような余裕はなかったはずである。とはいえ、戦国武将が雑草を生で食べたとも考えにくいと言い訳しながら、ここはさっと湯がいてみる。

湯がいているうちに緑がより鮮やかに……ということもない。引き上げて皿にのせると、だらしない感じである。

食べてみても、かすかに苦みが増しただけで、相変わらず、味はほとんどしない。ただ、無味なおかげで、別にえずくようなこともなく、しけった駄菓子のスルメみたいに噛みながら、だらだら食べることはできそうである。

武田家滅亡により逃避行

スギナを食べた当時、天正一〇年(一五八二)頃の真田信之のことを考えてみる。

彼は永禄《えいろく》九年(一五六六)生まれなので、当時は、まだ十六歳の少年だった。弟の信繁《のぶしげ》(幸村)は十五歳、謀将として有名な父親の昌幸もまだ三六歳の若さである。この頃の昌幸は武田勝頼麾下《きか》の有力武将で、領国の東方戦線を関東の大勢力である北条氏を相手にほとんど一人で切り回し、傾くばかりの武田家のなかで唯一気を吐いていた。

そんな状況のなか、織田家による甲州征伐が、天正一〇年二月三日に開始される。当初、闘いは敵味方双方とも長引くと予想していたのだが、武田の衰えは思っていた以上に深刻で、裏切りも相次ぎ、戦線はあっという間に崩壊。三月二日には、勝頼の弟、仁科盛信《にしなもりのぶ》のこもる高遠《たかとお》城も落ち、勝頼の母親の実家であった諏訪《すわ》も翌三日に占拠される。たった一か月で甲斐《かい》の北方面の守りは丸裸同然になった。さらに、南でも駿府《すんぷ》を治めていた一門衆の穴山梅雪《ばいせつ》が三月一日に裏切り、三日後には徳川家康が梅雪の手引きで甲斐への侵攻を開始する。

この風雲急を告げる時勢にあって、信之は母親の山手殿《やまのてどの》、弟の信繁らとともに、武田家の首府、甲府にいた。戦国時代、家臣が忠誠の証として、妻子を主君の拠点に預ける習わしがあった。要は人質である。甲州征伐に先んじて、木曾義昌《よしまさ》という武将が武田家を裏切っているが、人質となっていた義昌の母、長男、長女は皆殺されている。父・真田昌幸の態度如何によっては信之たちも同じ運命をたどったのかもしれない。

しかし、のちに「表裏比興《ひょうりひきょう》」と称される謀将・昌幸も、この頃は幾分純粋なところが残っていたのか、あるいは武田家にだけは思い入れがあったのか、滅亡の危機を何とか挽回すべく、忠実な働きを見せている。

そして、三月二日頃、武田家の居城、新府城で今後の方策を話し合う会議が開かれた。昌幸はこのなかで、勝頼に新府を捨て、自分の居城である上野《こうずけ》の岩櫃《いわびつ》城に逃れるように提案している。一方、側近の長坂光堅《みつかた》は、一門衆の小山田信茂《のぶしげ》の持ち城である甲斐国内の岩殿城に避難するよう主張した。

ここで、昌幸の提案に従っていれば、勝頼の運命も変わったのだろうが、先方衆《せんぽう》（外様の家臣）である昌幸を信じ切ることができなかったのか、はたまた、甲斐を逃れてまで永らえても意味はないと思ったのか、勝頼は長坂の案を採用する。

その後の顚末《てんまつ》は、一門衆である小山田の裏切りにあい、進退窮まった勝頼は、三月十一日、天目山《てんもくざん》の露と消えた。

一方、武田家への義理を果たした昌幸は、新府を脱出し、本拠の戸石城に入った。信之たちも、少し遅れて屋敷から逃げ出している。勝頼が昌幸の案を却下した負い目からか、武田家は信之たちを解放してくれたのだ。この時、信之たちが辿《たど》ったルートの詳細はよく分かっていないが、昌幸がどうも三月四日には戸石城に入っているのに対し、信之たちは三月五日に出立し、戸石につくまでに十一日までかかっているので、昌幸と同道したわけではないようだ。

自分だけ先にさっさと逃げるなんて冷たいようだが、家族の安否より、来るべき新しい乱世に心躍らせていたとすれば、それはそれで昌幸らしい気もする。いずれにせよ、老練な家臣もつけてもらってはいただろうが、足弱の女子供含めた一族の命は、弱冠十六歳、まだ少年といっていい信之の双肩にかかったことになる。ちなみに、歴史学者の丸島和洋の最新研究によると、元亀《げんき》三年（一五七二）生まれとされる信繁は数えの一〇歳。ほんの子供で全く頼りにならないのだった。

春は死の季節？　戦国の農村の実態

時期もまずかったように思う。旧暦の三月二日から十一日は、今の暦では四月初め。実は、春は農村で食糧が最も不足する時期で、前近代の日本人の死者はこの時期に集中していた。そこに、織田・武田の闘いが降ってかかってきたわけなので、甲斐・信濃の村々は常以上に食べ物に事欠いていたはずである。

それでも、勝者なら食糧の調達は比較的容易だっただろうが、武田の家来である真田家は、織田軍が跳梁跋扈《ちょうりょうばっこ》する占領地では、負け組のなかの負け組。食べ物を無心するどころか、下手したら殺されかねない状況である。甲斐はともかく、もともと信濃は武田家のいわば植民地のようなもので、武田に対して恨み骨髄の領民も少なくない土地だった。

かつての武田家の所業を、『甲陽軍鑑《こうようぐんかん》』は以下のように記している。

分捕りの刀・脇差・目貫《めぬき》・こうがい・はばきをはづし、よろしき身廻りになる。馬・女など乱取につかみ、これにてもよろしく成る故、御持ちの国々の民百姓まで、ことごとく富貴して、勇み安泰なれば、騒ぐべき様、少しもなし信玄健在の頃、甲斐の武士・足軽たちは、刀・脇差だけでなく、馬・女も戦場で分捕《ぶんど》ったため、甲斐の国内は農民たちまでもが豊かになったというのである。そして、この時、略奪の対象になったのは、信濃・関東といった武田の侵略にさらされた者たちだった。この記憶があったことも、織田家の甲州征伐が始まった際、あっさり信濃の戦線が瓦解《がかい》してしまったことの一因だと思われる。信濃の豪族だった真田家も、いち早く武田に与していたため、信濃の民衆からしたら、あちら側の人間と見なされたはずである。

敵意、無視、時に殺意。

信之が切り抜けて行かなくてはならない、信濃の土地にはそんな感情が渦巻いていたのだった。

そしてスギナ

こう考えていくと、スギナを、信之が「甚だ用い難き」と述懐した理由も、分かるような気がしてくる。自称公家の母親に気を使い、まだ幼い弟を励ましつつ、低い身分のものに頭を下げて食料を乞うては袖にされたであろう逃避行。三月五日から十一日までのたった六日間であるが、信之はその日々を何十倍にも長く感じただろう。やせこけて顔色の悪い村人、朽ち果てた家屋、親の遺骸に取りすがって泣く子供、怒りと悲しみに燃える民草の目。信之が突き付けられたのは、戦国時代なら、ゴロゴロ転がっていた風景である。そんななかで目の端に留まったのは、戦乱によって何年も鍬《くわ》を入れていない荒れ果てた田畑の畔に生えていたスギナ。

信之が漏らした「甚だ用い難き」という言葉は、スギナ単体の味というより、それまで、曲がりなりにも、武家の若様として育った少年が、はじめて味わった戦乱の世の苦さへのものだったのだ。

そして、それから、幾星霜《いくせいそう》。

混乱の甲斐・信濃を一族を引き連れてさまよった少年も、冒頭の挿話の時は、柿渋色の五〇代。信之は、代表的な戦国部将のなかでは遅く生まれた方だが、この頃には、元亀・天正時代（一五七〇～九二）を体験した、数少ない生き残りの一人になっていた。対して、船に同乗する家臣たちの多くは、大坂の陣くらいしか戦場経験のない、若者ばかりだったはずである。温厚さを表す逸話が多く残る真田信之だが、六尺（約一八〇センチメートル）豊かな巨漢で、手ずから敵を屠《ほふ》ったことも数知れずあったという。未熟な家来たちからすれば、仰ぎ見るような存在だっただろう。

そんな年少の家来たちに信之がかけた「それが泰平の恩というもの」という言葉も、こう振り返ると、なかなか複雑で深い響きがこめられているように感じる。

また、同時に、その時の信之の笑みや、いかにも苦労人らしい深い皺《しわ》が想像される。すると、口中のスギナも不思議と甘くなるようなのだった。

第六章　粕取焼酎

ツボいっぱいに詰めてくれ！　真田信繁の好物

辛口の酒と甘口の酒

「昔から太平の世には辛口、乱世には甘口の酒がはやる」

食物史学者・篠田統《おさむ》博士の言葉である。

米や麦のような穀物から酒を造る場合、まずはデンプンを糖に分解しなくてはならない。麹《こうじ》でデンプンを糖に変えてから、糖分に酒酵母が作用してアルコールが発生するのだ。甘酒などは酒酵母が働きだす前に発酵を止めているので、麹菌が作ってくれた糖分がたっぷりで、甘いのである。糖は、人間の身体の中でエネルギーに変換されやすい。

食糧が少ない上に、戦闘で大量のカロリーを消費していた乱世に生きる人たちは、発酵の進んだ辛《から》い酒よりも、まだ糖分がふんだんに残った甘い酒の方を好んだのだ。純粋なエネルギーの供給元としては、すでにデンプンを糖化してくれている甘い酒の方が、玄米を食べるよりもよほど効率がよい。戦国時代の酒は、現代の私たちにとってのエナジードリンクの意味も含まれたものだったのだ。

島津家の武将、上井覚兼《うわいかくけん》が残した日記を見ると、やたらと酒を飲んでいるが、これは酩酊のほかに、合戦の合間にすばやくエネルギーを得るという目的があったのだと思う。酒好きで有名だった上杉謙信の飲む酒には、何となくキリっとした清酒のイメージがあるが、やっぱり少し濁って甘いどぶろくのような酒だったんじゃなかろうか。謙信には、アルコホリックより、エナジードリンクをがぶがぶ飲みながら、目を血走らせてがむしゃらに働くワーカホリックのイメージの方がふさわしいような気がする。

真田信繁の酒をねだる手紙

戦国時代には、甘い酒が好まれたというが、焼酎派もいたようだ。それをあらわす手紙を紹介する。

その後、お便りいただかないままに過ぎてしまいました。そこで、この壺《つぼ》に焼酎を詰めて下さるようにお願いいたします。今ないようならば、次に手に入ったときに頼み入ります。難しくても、口をよく詰め、その上に（紙を）貼って送ってください。ご返事いただいたら、重ねて受け取りに行かせます。また、つまらないものですが、湯帷子《かたびら》を一つお送りいたします。そちらが暇なときにでも、ふとお訪ねくださったらと思っています。恐々謹言。

六月二十三日　信繁

左京殿

参

追伸：壺二つお送りいたします。焼酎のことお頼み申します。他にもあるのなら、（この壺の）他にも頂戴したいと思います。なおこの使いの者が申し上げるでしょう。

信繁は言わずと知れた、大坂の陣の英雄、真田信繁《のぶしげ》（幸村）である。

時期はこの手紙に書かれていた花押（サイン）から推測して、父・真田昌幸が亡くなった慶長十六年（一六一一）から大坂冬の陣がはじまる慶長十九年（一六一四）の間とされている。この手紙の内容から信繁が飲んでいた焼酎とは、何かということを推理してみたい。

それには、戦国時代から江戸時代初期にかけての焼酎事情について整理する必要があるが、さらにその前提として、蒸留酒の歴史を理解する必要があるのだった。

蒸留酒はルーツを同じくする兄弟?

人類というか酒飲みにとって長年の夢は、もっとアルコール度数の高い酒を造ってみたいということだった。大体、アルコール度数が十六～二〇パーセントを超える辺りで、酒酵母自体が死んでしまうため、発酵という手段だけでアルコール度数を高めるには限界がある。そこで「蒸留したら強い酒が出来るのでは?」というのは、古くからあるアイデアだったらしい。古代ギリシャの哲学者・アリストテレスがその講義ノートのなかで、ワインを蒸留することで、アルコール度数の高い酒を得られる可能性について語っているし、古代インドやエチオピアでは、紀元前八〇〇～七五〇年頃にかけて、すでに蒸留酒が造られていたともいう。

だが、安定して酒を蒸留出来る蒸留器が作られるようになったのは、ずっと時代が下って中世の、中東イスラム世界である。この頃、とある錬金術師が実用的な蒸留器を開発し、それをアランビック(al-inbiq)と名付けた。もともと錬金術のための道具だったが、金はまったくできず、代わりに強い酒ができた。このアランビックから出来た酒はアラックと名付けられた。原料はナツメヤシだったようだ。

そして、蒸留の技術は中東から世界各地へ伝播《でんぱ》していく。その名残が、それぞれの地の蒸留器と蒸留酒の名前に残っている。例えば、東方を見ると、トルコのラク（ワインの搾りかす）、スリランカのアラックス（ココヤシの花のつぼみ）、インドネシアのアラック（糖蜜・ヤシの樹液）、モンゴルのアルヒ（牛や羊の乳）。カッコ内は原材料で、その地その地でバラバラだが、名前の元は皆、アラックである。

一方、西方を見ると、蒸留酒の名前はラテン語の生命の水「アクア・ヴィッテ」を元にしたもの（例えばウイスキー）が多いようだが、蒸留器の名前はアランビックの影響が濃い。今でもスペインではalambique、フランスだとalambic、英語ではalembicである。皆、アラビア語al-inbiqの由来で、キリスト教徒はレコンキスタ（国土回復運動／一四九二）でイスラム教徒をヨーロッパから追い出しても、彼らが持ち込んだ蒸留酒は追い出せなかったことが分かる。

そして、日本では江戸時代、焼酎を阿刺吉《あらき》酒、あるいは荒木酒とも呼んでいた。無論、元はアラックである。蒸留器についても、蘭引（ランビキ）と呼んだ。こちらは、アランビックの変形であろう。

このように世界の蒸留器と蒸留酒の名前の類似を見れば分かる通り、世界の蒸留酒は、皆、ルーツを同じくする兄弟、そして、ユーラシア大陸の東の端、日本の焼酎はその末っ子ということになる。

焼酎はどう日本に伝わったか？

さて、この蒸留酒、どのように日本に伝わったのだろうか？

『焼酎の基』（日本酒サービス研究会・酒匠研究会連合会）では、以下、四つの説が紹介されている。

インドシナ半島→琉球経路説
中国→朝鮮半島→対馬経路説
中国南部→東シナ海→日本本土経路説
中国（雲南）→福建→琉球経路説

この内、最も有力なのはインドシナ半島→琉球経路説であるという。

日本における蒸留酒の記録を追いつつ説明してみたい。

まず、日本における蒸留酒の記録の初出は、応永《おうえい》十七年（一四一〇）、当時の島津家当主である元久《もとひさ》が、足利義持《よしもち》に「南蛮酒」を贈ったという記録である。この南蛮酒はシャム（現在のタイ）から伝わったものらしい。また、天文《てんもん》三年（一五三四）、琉球を訪れた明の使者が、「琉球国には南蛮酒と称し　凄烈にして芳、佳味なる酒を醸す、云ふ所に依れば　その造法は縁深き南蛮甕と共に暹羅《シャムロ》より渡来せり」と記している。ここで言う南蛮酒が泡盛《あわもり》のルーツである。そして、その製法はシャムから伝わったものだということが分かる。実際、沖縄出身の歴史学者・東《ひがし》恩《おん》納《な》寛惇《かんじゅん》はタイの国産焼酎ラオロンの風味が泡盛そっくりであることを、『泡盛雑考』のなかで指摘している。

日本本土において蒸留酒が造られていたという記録のもっとも古いものは、天文十五年（一五四六）である。ポルトガルの貿易商が薩摩の山川《やまがわ》には、米によって造られたorraquaがあったという記録を残している。orraquaは、ポルトガル語で蒸留酒を意味し、無論、語源はアラビア語のアラックである。ちなみに、鉄砲が伝わったのは天文十二年（一五四三）で、この記録の三年前である。鉄砲は中国船に乗っていたポルトガル人がもたらしたものだったが、鉄砲も焼酎も、大航海時代という同じ波に乗って日本にやって来たということになるだろう。

それから、十三年後の、永禄《えいろく》二年（一五五九）には、南九州の生活に不可欠な存在になっていたらしい。鹿児島県伊佐市にある郡山八幡神社の建築にかかわった大工が次のような文句を本殿の柱に落書きをしている。

永禄二年八月十一日　作次郎　鶴田助太郎
其時座主ハ大キナこすでをちやりて一度も焼酎ヲ不被下候《くだされずそうろう》　何共めいわくな事哉《かな》

神社の座主がケチで、焼酎を振る舞ってくれないと愚痴をこぼしているわけである。一般庶民でも、振舞い酒として口に入ることが当然と考えるほどに、一般的な存在になっていたことが分かる。そして、この落書きが、焼酎という文字の初出である。

また、『肥後国誌』にも、文禄元年（一五九二）焼酎を飲むという記述がある。十六世紀日本の焼酎の記録が沖縄や鹿児島、熊本などに集中していることから分かる通り、焼酎はまず南九州に伝わり、そこで発展したようである。

これには二つの理由があると思われる。

まず、一つはこの辺りの気候が温暖湿潤で、清酒造りに向いていないことである。酒造りは腐敗との戦いだが、暑くて湿った気候だと、発酵が進み濾《こ》す前の醪《もろみ》はダメになりやすい。せっかく酒を仕込んでも、酵母が雑菌に負けてしまい、酸っぱくなった醪を前に涙した人は多かったに違いない。

もう一つは、南九州には、酒に強い体質の住人が多いことである。アルコールの分解酵素の持ち主のDNAを元筑波大学教授の原田勝二が調査した結果によると、近畿圏には下戸《げこ》が多く、東北・北海道・九州など日本の端に行くほど上戸《じょうご》が多い傾向がみられる。

これは、縄文人の血をひく割合が辺境に行くほど高いからなのかもしれない。酒に強いDNAを持ちながら、酒が造りにくい土地に住んでいては宝の持ち腐れではないかなどと私は考えてしまう。

しかし、酸っぱくなった醪からできた酒でも、蒸留すればちゃんと飲める。しかも、それは醸造酒などよりは、はるかにアルコール度数が高いのである。

南九州人にとって、焼酎はまさに命の水だったに違いない。彼らはこぞって酒を蒸留して焼酎を造るようになった。今でも、日本における酒の一人当たり消費量は、東京を除くと、鹿児島、宮崎、沖縄が金銀銅。また、焼酎はこの地域の経済を支える主幹産業の一つでもある。

酒粕か米醪か?

さて、ここで戦国時代に造られていた焼酎がどのようなものであったかという問題になるとなかなか難しい。

米が主原料だったことは間違いない。現代、隆盛を極めている芋焼酎は、そもそも薩摩芋自体が、宝永二年(一七〇五)に薩摩の漁師、前田利右衛門が琉球から持ち帰ったものなので、戦国時代には存在しえない。麦焼酎は壱岐《いき》(現在の長崎県)で作られていた可能性が若干あるが、はっきりした史料はない。それに、九州や本州で飲まれていた記録となると皆無である。蕎麦《そば》焼酎も実は戦後になってから出来たものである。粟《あわ》や稗《ひえ》など雑穀を混ぜることがあったとしても米が主原料の焼酎だったことは間違いないだろう。

「じゃあ、米焼酎なのか。最近、人気の『鳥飼』でも飲むか」

と結論付けたくなるが、これは早合点。現代の主な米焼酎は酵母に白麹《しろこうじ》という焼酎用の麹を使っているうえ、二段仕込み、つまりまず酒母《しゅぼ》を作ってから、主原料を混ぜて本格発酵させるという複雑な手法を取っている。

そのため、私は戦国時代に飲まれていた焼酎は、現在の米焼酎と区別するため、米原料焼酎と表現する。

そして、米原料焼酎のなかでも以下二つの製造方法があったと思われる〈本当は変敗酒〈品質劣化した清酒〉から造る方法もあるのだが、再現すると密造になってしまうので、今回は取り上げない〉。

酒粕《さけかす》を蒸留する方法
米醪《こめもろみ》を蒸留する方法

信繁の手紙の頃は、ちょうど焼酎の記録の空白期間にあたるため、それから後の史料を紐解く他ないが、貞享三年（一六八六）に刊行された、『童蒙酒造記《どうもうしゅぞうき》』には「粕取焼酎」の製法が紹介されている。著者は不明だが、作中で鴻池《こうのいけ》流を名乗っている。鴻池流は摂津国鴻池郷（兵庫県伊丹市鴻池）の日本酒造りの流派である。「日本酒業者なのに焼酎造り？」と思われるかもしれない。

だが、これは、宝ホールディングス歴史記念館の管理室長・山崎耕太氏が教えてくれたことだが、現在、日本で酒関係の史料を最も多く集積している「日本酒造組合中央会」は、日本酒と一緒に焼酎も取り扱っている。これはもともと焼酎が日本酒造りの副産物である酒粕を蒸留して造られるものだったからなのだという。江戸時代を通じて、焼酎造りは酒屋の副業だったのである。

また、『童蒙酒造記』の記録から、当時、焼酎前線が少なくとも兵庫までは北上していたことが分かる。『童蒙酒造記』より一〇年ほど後、元禄一〇年（一六九七）刊行の『本朝食鑑』にも酒粕を蒸留する「粕取焼酎」の製法が記載されている。『本朝食鑑』の著者である人見必大《ひとみひつだい》は幕府の侍医の子息で、その見聞は江戸が中心と思われる。その彼が特に産地の断りなく、粕取焼酎の製法を書いているので、元禄時代には、酒屋の副業として焼酎造りは、江戸でも当たり前にみられるものだったようだ。

面白いのは、『本朝食鑑』では、島津支配下の薩州（薩摩）で、濁酒から泡盛が作られているとも書かれてあることである。琉球の泡盛と混同してややこしいが、江戸時代初期、まだ沖縄で造られる蒸留酒をどう呼ぶか統一されておらず、薩摩で造られた焼酎を泡盛と呼ぶこともあったし、琉球の泡盛も「琉球酒」「焼酎」「焼酒」等、様々な名で呼ばれていたのである。濁酒は「どぶろく」を指すので、薩摩の泡盛は米麴から造られた焼酎ということになる。粕取焼酎の製法が特に産地の断りなく書かれているのに対し、米麴焼酎は島津家の薩州と限定していることから、粕取焼酎は日本全土で普遍的にみられる製法だが、米麴焼酎は南九州特有のものと推測できる。

さて、では、真田信繁の焼酎は、一体どのように、そしてどこで造られたものだったのだろうか？　ここで私の調査ははたと行き詰まってしまった。何せ、先ほど述べたように、信繁の時代における焼酎の記録は本当に少ないのである。

一体誰？　左京の謎

一旦、どのように造られたかという問題はおいて、どこで造られたかという問題について考えてみよう。

そして、捜査が行き詰まった時は、現場に戻ることが鉄則である。信繁の手紙を読み返してみて、肝心なことを見落としていることに気づいた。

宛先に書かれている「左京《さきょう》」。

こいつは一体誰なのだ？

改めて調べなおしてみると、かつては「河原《かわはら》右京《うきょう》綱家《つないえ》」という真田家の重臣と考えられていたことが分かった。左京は右京の誤記だというのだ。関ケ原の戦いの前に真田親子が生き残りをかけて別行動をとる決断を下した「犬伏《いぬぶし》の別れ」の際に、聞き耳を立てていて、それに怒った真田昌幸に下駄をぶつけられ、前歯を折った伝承がある武将といえば知っている人も多いだろう。彼は家来筋とはいえ、信繁にとって祖母の甥、つまり親戚筋のお兄さんでもあるから、「焼酎頂戴」とねだったとしてもおかしくない人物である。

だが、『真田信繁の書状を読む』のなかで丸島和洋は、これに異論を唱えている。「下《くだ》る」という言葉を、当時、上田にいたはずの綱家に使うのはおかしいというのだ。私も当時、焼酎前線が信州まで北上していたとは考えにくいことから、おかしいと思う。それにはるばる上田までわざわざ壺を持たせて使いにやるだろうか？　左京という人物は当時、九度山《くどやま》に近い、京都近辺にいた人物と考える方が自然だと思われる。

代わって、浮上してくるのが、「西山左京至之《のりゆき》」という人物である。

左京が信繁の手紙の受取人としてクローズアップされたのは、信繁の手紙が保管されていた高野山の蓮華定院《れんげじょういん》に、同じく左京を宛先とした信繁の兄の真田信之の手紙が残っているためだ。あまり知られていない人物だが、実は大変高貴な血筋で、室町幕府十三代将軍・足利義輝《よしてる》の孫である。

足利義輝が三好三人衆*に襲撃された際、彼の子供を懐妊していた側室が命からがら逃げだしかくまわれた先で、男の子を産む。この子供が後、尾池義辰《おいけよしたつ》と名乗って、初めは生駒《いこま》氏、後に細川氏に仕えるが、彼が左京の父親である。左京も父親と同じく、後に細川氏に仕えたが、もともと主筋に当たるため、立場は客将に近いものだったらしい。信繁が手紙を出した頃の動向は不明だが、京都にいたとしても不自然ではない。というのも、細川忠《ただ》利《とし》が、左京に宛てて「上方で何かあったらすぐ報告してほしい」と述べた手紙が残っているためである。彼はその独特の出自から、京・大坂の社交界に顔がきき、一種の情報通だったのだろう。

また、信之だけでなく、彼の息子の信政《のぶまさ》も左京宛に手紙を送っている。面白いのは、ずっと後の寛永十五年（一六三八）の話になるが、細川忠利が上方に詰めていた左京を熊本に呼び戻す際、わざわざ断りの手紙を、信之に出している点である。

どうも左京と真田家の付き合いは、信繁に限らず、家ぐるみのもので、主家の細川藩も気を使わなくてはならないほど、親密なものだったようである。そして、忠利の左京宛の手紙に見えるように、真田家が左京と親しく交際したのも、上方の朝廷や公家、寺社といった社交界の情報を求めてのものだったと見える。

信繁も真田家ぐるみの付き合いのなかで、京に滞在する左京に、焼酎を所望したと考えるのが自然なようである。

京都なら酒どころだし、酒屋がその副業として焼酎を造っていてもおかしくない。

だとしたら、その焼酎は京都で造られたものなのか？

俳諧書の『毛吹草』に焼酎のことが！

信繁が飲んだ焼酎は京都で造られた。

そう決めてしまいたいが、どこで造られたかと、どう造られたかは、密接な関連がある。

それに、『童蒙酒造記』『本朝食鑑』ともに、信繁が生きた頃より、七〇年以上後の書物である。信繁が生きていた頃、焼酎前線がすでに京都まで北上していたかどうか、どうにも心もとない。

ということで、専門家に聞いてみることにした。

日本酒造組合中央会に問い合わせてみたところ、焼酎に詳しい人につなぎますということで、元宝酒造株式会社酒類研究所所長の高山卓美氏を紹介してくれた。大変、焼酎史に

＊畿内に広く権勢を振るっていた三好長慶《ながよし》の部下であった三好長逸《ながやす》・岩成友通《いわなりともみち》・三好政康《まさやす》の三人をいう。永禄八年（一五六五）には、長慶の死に乗じて将軍親政を復活させようとした室町幕府十三代将軍足利義輝を松永久秀《ひさひで》とともに暗殺した（永禄の変）。

詳しく、懇切丁寧に戦国初期から江戸時代にかけての焼酎の歴史について教えてくれた。

そして、大変なヒントをもらったのである。

「その手紙から大体三〇年後、正保《しょうほう》二年(一六四五)刊行の『毛吹草《けふきぐさ》』に山城国の特産として消酎(焼酎)が記載されていますよ」

「えっ!?」

調べてみると確かに……。『童蒙酒造記』や『本朝食鑑』のような酒造や食べ物関係の書籍については調べていたが、俳諧書はノーマークだった。だが、これで、正保二年には焼酎前線が確かに山城国、つまり京都まで来ていたことが証明された。そして、ある物産をその地方の特産品にするのは昨日今日で出来ることではない。年、時に一〇年単位の長い時間がいる。信繁の時代には、すでに京都の酒屋で粕取焼酎が造られだしていたのである。

信繁が飲んだ粕取焼酎にいちばん近いのは?

さて、ここまで分かったら、あとは現在売られている粕取焼酎のなかで、最も近いと思われるものを探すだけである。

現在の粕取焼酎は、実は二つの種類がある。

一つは「正調粕取」で、籾殻《もみがら》と酒粕を混ぜてから蒸留する。籾殻を混ぜることで、通気性がよくなり、アルコールが蒸発しやすくなるのだ。『童蒙酒造記』にも記載されている方式で、焼酎の最も古風な形を残している。

もう一つは「吟醸《ぎんじょう》粕取」でこちらは籾殻を使用しない。米を五割か六割まで磨いて醸造した吟醸か大吟醸の酒粕を蒸留して造る場合が多く、水と酒酵母を加えて再発酵させる場合もあるようである。

吟醸粕取は、宝酒造の「日の本」を、正調粕取は、クンチョウ酒造の「三隈」を試してみた

信繁が飲んだ粕取焼酎に近いのはもちろん「正調粕取」の方である。

ただ、比較のため、一応、吟醸粕取焼酎も飲んでみる。

ストレートで飲むと、最近のソフトな口あたりの焼酎を飲み慣れていると「おっ」となる。飲んだ瞬間、キリリと辛く、アルコールの香りがパッと口中に花開く。飲んだ後も、のど越しにしっかり余韻を残していく感じである。子供の頃、大人に飲まされた御神酒がこんな感じだったように思う。

次は「正調粕取」である。

飲んでみて一驚。今まで一度も飲んだことのない味である。籾殻のせいだろうか、ちょっとビターチョコレートに似たにおいもするが、それ以上にとにかく焦げ臭い、むせかえるような土のにおいである。味も重く騒がしい。これと比べたら、「吟醸粕取」は上品なお姫様だ。かつて、福岡ではこの方式で造った焼酎を「早苗饗《さなぶり》焼酎」と呼んで、田植えが終わった後に、飲んで楽しんだという。なるほど、確かに顔に田んぼの泥をつけた人の素朴な笑顔が似合う酒である。

考えてみると、蒸留酒を造るための蒸留という技術は矛盾に満ちた技術である。もともと「酒」のスピリッツであるアルコールを純粋に抽出しようとする技術であるにもかかわらず、その純度を高めれば高めるほど逆に酒のスピリッツ、魂が消えてしまう。アルコール度一〇〇の蒸留酒は酒ではなく工業用液体である。原料の個性にベッタリからめとられた「酒」と、それから完全に分離した工業用液体の危うい バランスの上に蒸留酒は成り立っている。

そういう意味では、この「正調粕取」はまだまだ「酒」の引力に引っ張られている。でも、だからこそ楽しいし懐かしい。愉快な焼酎だ。

真田信繁が飲んだ焼酎はこうでなければと感じさせる味だった。

飲みながら、ふと考えてみると、信繁が手紙を出した季節は、旧暦の六月二三日、太陽暦だと大体七月下旬から八月上旬の時期にあたる。夏の盛りに入る頃である。

信繁の手紙の冒頭の部分は、返事がないのに重ねて文を送っていたり、接続詞の「そこで」が前文とつながっていなかったり、どこかちぐはぐで焦っている印象を受けるが、貯蔵していた酒にそろそろダメになる気配があったのかもしれない。日本酒と違って、焼酎なら夏の暑さに負けないし、「柱焼酎」といって日本酒に混ぜて味をしゃんとさせる方法もある。

しかし、夏も大分過ぎてから、どたばたと焼酎を頼むなど、大坂の陣で、獅子奮迅《ししふんじん》の活躍をする名将の気配はまるでない。

『童蒙酒造記』に「酒粕十貫目《かんめ》につき、焼酎が四升《しょう》五合《ごう》取れれば上等の品質、五升ならば中等の品質、六升ならば下等の品質」とある通り、焼酎は造るのにずいぶん元手がいり、値も張るものだった。その豪快な風味とは裏腹に、平和な時代になって、はじめて楽しめるものだった。

「昔から太平の世には辛口、乱世には甘口の酒がはやる」

戦国最後のあだ花を咲かせる信繁が、平和の象徴である焼酎を飲む風景は、なんだかそれ自体が運命への大きな皮肉のようでもある。

粕取焼酎の鮮烈な味と香気がいざなう酔いのなか、信繁が抱いた思いは何だったのだろうか？　安楽で怠惰な平和をそれなりに楽しんでいたのか、それとも、血煙と硝煙が舞う中世最大の大戦への夢か。

そこまでは、史書をいくら紐解いても答えは出ず、ただ手元の盃を黙ってあおるしかないようである。

第七章　牛肉

宣教師の陰謀か？　みんな虜の牛肉料理

どうして食べてはいけないの？　食のタブーの不思議

日本における食のタブーで有名なのは「肉食の禁忌《きんき》」だ。

私たち自身の多くも、自分たち日本人のことを、もともと肉を食べない民族だったと考えている。

幕末から明治にかけて、日本を訪れた外国人たちの多くが、日本人が肉を食べず、自分たちが食べるのを見るのも嫌がったと証言もしている。

明治期の日本を旅した、イギリスの女性探検家イザベラ・バードは、鶏はたくさんいるのに、絞めて食べるためには、誰も売ってくれないとぼやいている。どうにか手に入れることが出来ても、嘆き悲しんだ売り主が、育てた鶏が殺されるのを見るのはしのびないとお金を返してくることすらあったという。

だが、戦国時代の食を調べていくと、どうも違う実態が見えてくるのである。

戦国時代の貴族も僧侶も肉が大好き

『日本の食と酒』（吉田元著）のなかで、京都の公卿《くぎょう》、山科《やましな》家が十五世紀に残した『教言卿《のりとき》記』『山科家礼記』『言国《ときくに》卿記』、三つの日記を調査し、出てきた料理や食材を抽出して、表にしている。それによると、この中堅公卿の食卓には、鳥肉なら「鶏、雉《きじ》、鴨《かも》、鴈《がん》、鷹《たか》、鶉《うずら》、つぐみ、かいつぶり、鵠《くぐい》、水鳥」、獣肉なら「鯨、狸《たぬき》、兎《うさぎ》」が上っていたようである。次世代の山科言継《ときつぐ》が、十六世紀に書いた『言継卿記』でも、状況はあまり変わらない。鳥肉なら「鶏、山鳥、雉、鴨、鴈、鷺《さぎ》、つぐみ」を、獣肉なら「狸、狐《きつね》、鯨」を食べている。

狐は、天文《てんもん》十八年（一五四九）一〇月二二日の昼時、屋敷の簀子縁《すのこえん》の下で、二匹の犬が噛《か》み殺したのを、取り上げたものである。この時、言継はわざわざ客を招いて、狐汁パーティーを開いている。

狸と書かれてあるのは、実はアナグマも含む。『大草家料理書《おおくさけ》』によれば、調理法は腸を取り除いた後、酒粕《さけかす》を詰め、その後、泥土を毛の上からよく塗って、糠を燃やした火で焼く。土を落とすと毛も一緒に抜けるので、生ぬるい湯につけ、酒と塩を加えて仕上げるのだという。江戸時代の『料理物語』では味噌汁《みそしる》に仕立てる方法が載っている。具は大根、牛蒡《ごぼう》、におい消しの吸い口にはにんにくがよいそうだ。童歌の「あんたがたどこさ」の狸は、こう料理されていたわけだ。

山科言継は旅好きで、織田信秀のもとを訪ねたりもしているが、弘治二年（一五五六）、今川義元《よしもと》が頑張っていた駿府《すんぷ》へ下向しての帰り、三河湾口の志々島《ししじま》で「鯨のたけり（ペニス)」を御馳走になっている。味が気になるところだが、何の感想も残していないので、想像する他ない。
鳥や兎はともかくとして、狸汁に、狐汁に、鯨のペニスである。

上品なイメージの強い貴族だが、あにはからんや、盛んに肉を食べていたらしい。

僧侶も肉を食べた。

それも犬を食べていたようである。

『日本の食と酒』には、奈良興福寺の僧侶たちが文明《ぶんめい》一〇年(一四七八)から元和四年(一六一八)の百数十年間にわたって、代を重ねて記録し続けた『多聞院《たもんいん》日記』も紹介されている。さすがに肉食の記事は少ないのだが、仏様の目を盗んでこっそり食べていたことがうかがえる記事がある。

永禄八年十月二十五日条「犬狛ヨソヨリ取之《これをとり》、ヰナセヌ秘事、猪ノ肉ヲ少家ノ内ニ食シメツレハ、何としてもいなふる也、十市内乙部説」

天正十一年六月七日条「狛ノ子ノラ子クヰ了、中々」

ノラ子というのは野良猫のことである。坊さんも猪、犬、猫を食べていたということになる。猪はともかくとして、犬？　猫？　と思われる方もいるかもしれないが、宣教師のルイス・フロイスも日本の風俗について、次のようなことを書いている。

「ヨーロッパ人は牝鶏や鶉・パイ、ブラモンジュなどを好む。日本人は野犬や鶴、大猿、猫、生の海藻などをよろこぶ」（『ヨーロッパ文化と日本文化』ルイス・フロイス著、岡田章雄訳注）

仏教の殺生戒に敏感なはずの僧侶がこの有様なのだから、武士や庶民がどうだったかはおして知るべしである。猪、鹿はもちろん、犬、猫に至るまで、食べていた。だからといって、戦国時代の人々が、犬、猫を愛玩《あいがん》しなかったかと言えば、そうとも限らないようである。同じ『多聞院日記』に、飼犬が行方不明になっていたのが、数か月ぶりに戻ってきて喜ぶ記事や、安土の織田信長が鷹狩りの餌《えさ》にするため奈良中の犬、猫を徴発しようとしたため、僧房にかくまってやったという記事がある。

対象に抱く親愛と、食べる食べないは、また別の話なのである。

ところで、これまでの話で気づいたことはないだろうか？

そう、現在、食肉の対象として最も一般的な牛の話が、まったく出てこないのである。

何故、犬・猫は食べていいのに、豚・牛は食べてはいけないのか？

戦国時代の日本人は、猪、鹿はおろか、犬、猫に至るまで食べていたのに、食肉として牛を食べることはめったになかった。

それは、一体、何故なのか？

この問題に対する見解を、超有名な戦国武将が述べている。


「牛馬は人間に仕え有益なる動物であるに、何故に之を食ふ如き道理に背いたことをなすか」（『イエズス会日本年報』村上直次郎訳）

天正十五年（一五八七）、豊臣秀吉が宣教師クエリヨに対して伝えた言葉である。同年六月十九日に発布されたキリスト教禁制の「一、牛馬を売り買いころし、食う事、是《こ》れ又曲《くせ》事《ごと》たるべき事」の論理的根拠とされている。

秀吉は食のタブーを、功利主義の立場からとらえていたのだ。

これと似たような言葉が、二六六年後、再び西洋人に向かって吐かれることになる。

「わが国の人民、渡世のために飼っている牛馬は、重き荷を負って遠くに行き、人力を助くるが故に、その恩を用いて食うことなし」

嘉永六年（一八五三）、黒船に乗って来たアメリカ人に、日本側はこう言って、牛肉の要求を拒絶したのだった。対して、宣教師側は、文化主義寄りの立場から解釈していた。

「……日本人は生来脂肪を嫌うが、ただ宴会や平常の食事では、狩の獲物の肉だけを使う。それは彼らが手飼いのものを不浄とし、自分の家で育てた動物を殺すのは残酷だと思うからである」（『日本教会史』ジョアン・ロドリーゲス著、佐野泰彦ほか訳）

いずれが正しいかと言えば、私は両方正解だと思う。

そもそも、日本の肉食タブーの歴史を振り返ると、六七五年に天武《てんむ》天皇が発布した肉食禁止令に行き当たる。

「今後、諸々の漁猟者は、檻《おり》と獣の落とし穴を作り、仕掛け槍《やり》の類を設置してはいけない。また、四月一日から九月三十日にかけて、受け網、梁《やな》を置かぬよう。牛・馬・犬・猿・鶏の肉を食べることも禁ずる。それ以外は禁止しない。もし犯すことがあれば罪に問う」

数ある獣のなかから、この五畜が選ばれたのは、牛や馬は農耕や交通に欠かせず、犬は番犬や猟犬として、鶏は時を告げる鳥として役立ち、猿に関しては、仏教の「涅槃経《ねはんぎょう》」のなかで、人に類似しているからとされている。

天武天皇の肉食禁止令について、かつては仏教の殺生戒の影響とする見解が多かった。だが、国士舘大学教授の原田信男は、天武天皇の代から日本が国を挙げて水田稲作に注力しだしたこと、四月から九月が農繁期に当たること、鹿、猪等を狩るのは禁じられていないこと等に着目し、別の解釈をその著作『歴史のなかの米と肉』『神と肉』のなかで提示している。

私なりに、原田教授が提示した、禁令の目的を整理すると、次のようになる。

1　農繁期に耕作に注力させるため狩猟を戒める

2　農業に有益な家畜を保護する

3　獣畜の血の不浄から農繁期の国土を守り稲作の豊穣《ほうじょう》を願う

1、2は功利主義的な理由、3は文化主義的な理由づけである。

そもそもの始まりから、日本の肉食の禁忌は、功利主義、文化主義の両方がミックスされている。

ただ、宣教師が指摘した「自分の家で育てた動物を殺すのは残酷」という考えは、少なくとも天武天皇にはなかったようだ。この理由づけは民衆の側から出てきたものと思われる。

以下は、私の仮説だが、禁令に従う人民からしたら、命を奪ってもよい獣と、奪ってはいけない獣、食べられる獣と、食べられない獣を分けるのは、何とも知れない気持ち悪さがあったのではなかろうか。そこで、彼らは「自分の手で育てた生き物には、慈悲の気持ちが湧くから、殺したり食べたりしてはいけない」という、もう一つの文化主義的意味合いを付加したのだ。このように解釈すれば、天武天皇が禁じた五畜のなかでも、のちの時代に、禁忌の強いものと弱いものが出てくることを説明できる。

例えば、猿は自分で育てたわけではない。だから、扱いは猪や鹿と同等で、普通に狩られ、食肉にされても何の抵抗もなかった。しかし、牛、馬、犬、鶏は、皆、人間が育てたものである。だが、何故、牛、馬はダメで、犬、鶏は大丈夫なのか？　という疑問が残る。

これは、まず使役獣としての価値が、牛、馬とその他では段違いなことがあげられる。牛、馬は体が大きく力も強い。水田稲作に耕運機として、直接、貢献するのである。

もう一つは、野良牛、野良馬は滅多にいないが、野良犬、野良鶏はざらにいることである。自分が育てたわけではない牛や馬がたまたま手に入る機会はほとんどないが、犬や鶏なら路上をほっつき歩いているのを見つけたり、家に紛れ込んだりすることはよくあっただろう。『多聞院日記』のなかで、犬食、猫食を紹介したが、実は、奈良の興福寺は春日大社の鹿を守るため、頻繁に野犬狩りをしていた。彼らが食肉の対象としたのは、野犬狩りで得た犬で、自分たちで飼っていたものではなかったと考えられる。猫についてもノラ子（野良猫）と書かれていたことを思い出してほしい。飼い犬の数年ぶりの帰宅を喜んだり、鷹狩りの餌にされそうな飼い犬や飼い猫をかくまったりしたことからも分かる通り、僧侶たちも自分や知人の育てた犬猫は食べなかったのだ。

ちなみに、この解釈に従えば、日本の食肉史のなかで、最大の謎である「豚がどうして日本の食卓からほぼ消えたのか」についても説明がつくように思う。弥生時代の遺跡から豚の骨が出土したことからも分かる通り、日本人はもともと豚を飼い食べていた。ただ、豚は食用とした時の効率性は素晴らしいが、使役獣としては何の役にもたたない。だから、「自分の手で育てた生き物には、慈悲の気持ちが湧くから、殺したり食べたりしてはいけない」というルールに従えば、そもそも豚を飼う理由は一つもなくなる。それに、どうしても豚肉の味が恋しくなったら、自分では育てず、勝手に山野を駆け巡っている豚、つまり猪を狩って食べたらいいのだ。

かくして、天武天皇が禁じた五畜のなかに、豚は含まれていなかったにもかかわらず、薩摩と琉球をのぞいて、豚は日本の食卓から姿を消したのだ。

小田原の陣で牛肉を食べた三人の戦国大名とは？

日本人は犬、猫など色んな種類の肉を食べていたが、牛、馬は特別で強い禁忌があった。また、牛、馬にも序列があり、馬よりは牛の方が尊重されていたようだ。このことは、ルイス・フロイスの証言からも裏付けが取れる。「われわれは犬は食べないで、牛を食べる。彼らは牛を食べず、家庭薬として見事に犬を食べる」（『ヨーロッパ文化と日本文化』ルイス・フロイス著、岡田章雄訳注）。平戸《ひらど》を訪れた宣教師も、その報告書のなかで、「彼らは何にても食すれども、坊主のみは牛肉を食はず」と述べている。

以上を踏まえつつ、次の文章を読むと、その歴史的位置付け、また登場人物の驚きが理解できるようである。

　其頃蒲生《がもう》氏郷《うじさと》忠興《ただおき》君御同道にて高山右近《うこんの》大夫《たいふ》長房《ながふさ》陣所へ、御見廻被成《なられ》候《そうろう》ニ、高山ハ元来吉利支丹《きりしたん》なれば牛を求置て振廻れしか、一段珍敷《めずらしき》風味とて度々御尋被成候

『細川家御家譜』の記述の引用だが、要は、小田原の陣の際、蒲生氏郷と細川忠興が、高山右近の陣所《じんしょ》を訪れると、右近はキリシタン大名だったので、牛肉を振る舞ってくれた。

その味が、一段珍敷風味、すごく珍しかったので、二人は右近の元を牛肉料理目当てに度々訪れるようになったと書かれているのだ。

有名なエピソードなので、知っている人も多いと思う。氏郷と忠興が、近江《おうみ》出身のため、近江牛を紹介する書籍や記事では、この逸話を起源として持ってきているところも多い。だが、わざわざ小田原まで、近江から牛を連れて来たとも考えにくいので、実際は、近在から牛を徴発したのだろうが。

さて、右近が振る舞った牛肉料理の記述はたったこれだけである。どう料理したかの具体的なことはまったく書かれていない。

煮たのか、焼いたのか？

すべて謎である。

一〇〇パーセント確実なことは言えず、記録から、推理していくほかないが、「高山ハ元来吉利支丹なれば」とあるので、まずキリスト教の記録からあたってみよう。

三人が食べたのは牛飯か？

ドイツの有名な哲学者フォイエルバッハの「デア・メンシュ・イスト、ヴァス・エア・

イスト Der Mensch ist, was er isst.」を引用すると「人は食べるものそのもの」ということになる。また哲学者の川崎惣一は、食べることを「他なるものを破壊して、自らの同一性を維持しつつ、新たな自己を作り上げるという営み」と定義している。逆に言えば、もし誰かの食べるもの、あるいは食べないものを変えられたら、その人の同一性を破壊し、まったく違う人間に作り替えることが出来るのである。そのため、多くの宗教は布教の際、教義とともに、自身の食文化も広めようとした。イエズス会の宣教師も、牛肉食を啓蒙《けいもう》するという手段を取った。

弘治三年(一五五七)、ポルトガルの宣教師ガスパル・ビレラが本国に送った報告書には次のように書かれている。

「この食事のため我等は牝牛一頭を買ひ、その肉とともに煮たる米を彼等に饗せしが、皆大なる満足をもってこれを食したり」

畜産研究者の松尾雄二は「文献にみる牛肉料理について」のなかで、この時、宣教師が振る舞った料理を、ポルトガルのアロス・コム・ワカ(arros com vacca)に近いものではないかと推論している。アロスは飯、ワカは牛なので、要は牛飯である。作り方は薄切りの牛肉の赤身に塩、胡椒をして油で炒め皿に取り、鍋にオリーブ油を入れ、たっぷりのニンニクと洗った米を炒め、サフランで黄色く色をつけた湯を加えて炊き、あとで牛肉を入れて蒸すということなので、パエリアに似ている。

松尾は、さらに論を進める。大分の郷土料理「黄飯《おうはん》」の原形がこの料理ではないかというのである。「黄飯」はサフランではなく、クチナシで黄色に染めたもので、キリシタン大名の大友宗麟が治めた豊後、細川忠興が治めた豊前小倉藩（豊後国東、速見を含む）の一部に伝わる。右近が振る舞った牛肉料理がアロス・コム・ワカで、忠興が豊前小倉に転封された際、レシピも一緒に持ち込んだと考えれば、話の辻褄はあう。有力候補の一つにしておこう。

他の可能性はないだろうか？　例えば、現在のすき焼きのように、他の具材とともに煮込んだという可能性は？

あるいはすき焼き、しかも味噌仕立てか？

平戸イギリス商館の商館長をしていたリチャード・コックスが、その日記に気になる記述を残している。以下は、『セーリス日本渡航記・ヴィルマン日本滞在記』（ジョン・セーリス著、アーネスト・メーソン・サトウ著、村川堅固・尾崎義訳）からの引用である。

「（一六一三年）十月十日（平戸にて）老王（前領主松浦鎮信《まつらしげのぶ》。出家後、平戸法印などと呼ばれた）は葱と蕪菁《かぶら》とを入れて煮たイギリス牛肉の一片と、豚肉の一片とが欲しいから、明日送ってもらいたいと望まれる」

「十月十一日　前記の通り調理した牛肉及び豚肉に、葡萄酒一壜《びん》と白パン六塊を添え、通訳ミグエルに持たせて老王のもとに送った。彼は大いに喜んでそれを受け取り、孫の若王（松浦隆信《たかのぶ》）、弟の信実《のぶざね》、親類の主馬殿を招いていっしょにこれを食われた」

また、十一月の記述では、

「十一月十一日　予は老王法印に彼の家で会ったが、胡椒をかけたイギリスの牛肉二片と、予らの料理人の手で蕪大根、及び葱と煮た豚肉二片を望まれたので、その通りつくらせて彼に贈った」

平戸の領主、松浦鎮信は海外貿易に積極的な武将で、平戸にオランダ商館が開かれたのは、もっぱらこの人物の働きかけによるものである。無論、好奇心が強く、開放的な気質の持ち主だったのだろう。牛だろうが、豚だろうが、葡萄酒だろうが、白パンだろうが、何でも食べて、一切の忌憚《きたん》がない。肉は、煮込んで食べることが多かったようだが、一緒に煮込む具材は葱、蕪と、現代のすき焼きとそう違いはない。

では、調味料は？　ということになると、江戸時代の料理書にヒントがある。

味噌仕立てのすき焼き

キリスト教が禁止され、鎖国となった後も、細々と牛肉は食べられていたようで、まず『食用簡便』（貞享四年〈一六八七〉）に「煮。肉ヲ切取テ洗浄シテ味噌汁ヲ以テ諸菜ヲ雑エ煮用ユ」とある。

『本朝食鑑』にも次のように書かれている。

「生牛肉を細かに切って片《ひら》とし、先ず冷水で洗浄して、米粃《とぎじる》の濁汁で二・三時のあいだ牛肉を煎じ、膠脂《あぶらけ》の脱竭《ぬけつく》すのを待ち、別に味噌の濃汁で煮熟《よくに》るか、あるいは蘿蔔《だいこん》・牛蒡《ごぼう》等の類を合わせ、一緒に烹《に》て羹《あつもの》を作り、就寝前に食べさせる」

米のとぎ汁は、現在でもホルモンの下茹でなどに使われることがある。就寝前とあるのは薬という建前が必要だったのだろう。

江戸時代の牛肉食の記録を読み解いていくと、どうも当時、牛は味噌と一緒に食べるものと考えられていたようである。これは牛の肉が大変臭かったせいで、他の猪などの獣肉と同様、獣臭を消すために味噌を用いたものと思われる。

例えば、彦根井伊家は、幕府に陣太鼓を献上する役目のため、近江牛を飼育する牧場と畜場を持っていたが、その副産物として牛の味噌漬けが名物だった。将軍や有力大名に贈っていたようだが、ファンも多く、水戸の徳川斉昭《なりあき》がお礼を述べた手紙が残っている。

ただ、井伊直弼《なおすけ》が藩主になると、味噌漬け作りを取りやめたため、斉昭が腹を立てて、桜田門外の変（一八六〇）が起きたという話もあるが、さすがにこれはうがちすぎだろう。

また、伊達家の料理人であった橘川房常《きつかわふさつね》の『料理集』（享保十八年〈一七三三〉）にも「う

し　一本汁に仕候　せんに引きあらひ候て　水のすみ候節能く候　とり合いてごぼうよく候」と、味噌で煮込むことだけでなく、現代でもよく見られる、牛と牛蒡の取り合わせが記述されている。

江戸時代にこれだけの傍証があれば、戦国時代にも、味噌仕立てで、蕪大根や葱とともに煮込んだ鍋があったと推測してもよさそうだ。

ちなみに、幕末から明治にかけて、続々と牛鍋屋が出来ていくが、その時の味付けも、味噌仕立て、具は葱のみが多かった。解体や冷蔵の技術が進み、臭わない、新鮮な牛肉が手に入りやすくなってきてから、醤油と砂糖の割下という我々にもなじみのある味付けになったのだ。

明治になってから、文明開化の大号令のもと、まったくの無から牛鍋があらわれ出たと思っていたが、実は、ちゃんと江戸時代、いや戦国時代からの蓄積があり、レシピもそれを受け継いだものだったのである。

アロス・コム・ワカと牛鍋

アロス・コム・ワカと、牛鍋の二つが出たが、史料が少ないため、これ以上絞り込む根

左が「アロス・コム・ワカ」、右が米味噌仕立ての「牛鍋」

拠は何もない。そのため、両方とも作ることにした。

まず、黄飯のレシピに従い、鶏がらで出しをとったスープでクチナシを煮詰め、黄色い汁を得る。オリーブオイルはさすがに戦国時代の日本になかったと思うので、菜種油でたっぷりのニンニクをいためた後、生米と牛肉を加え、先ほどの黄汁で煮詰める。

牛鍋の方は、牛肉、葱、蕪に酒と味噌を加えシンプルに煮込んだ。『本朝食鑑』に記述がなかったので出しはなし。高山右近、蒲生氏郷、細川忠興の三人は、全員が近畿、つまり甘口米味噌文化圏の出身であるため、味噌は甘口の米味噌（白味噌）にした。

出来上がりは写真の通りである。

松浦鎮信はワインを嗜《たしな》んだそうなので、赤ワインも添えている。ちなみに、ドラマや漫画などのフィクションでは、ワイングラス片手に登場することの多い織田信長だが、下戸《げこ》だったようなので、飲んだことがあったかどうか。

まずはアロス・コム・ワカから食べてみる。クチナシでもサフランを使ったときと同じように米が鮮やかな黄色に染まり、見た目は普通のパエリアとまったく変わらない。オリーブオイルでないため、味が素直過ぎて、もう一つ物足りなさを感じるが、普通に美味しいパエリアである。

宣教師が信者たちに振る舞った際、皆、大喜びしたというのも頷《うなず》ける。右近が振る舞ったのがこのアロス・コム・ワカだったとしたら、忠興も氏郷も黄色い飯という見た目には驚いただろうが、米が一緒だということで、いきなり牛を食べるよりは、余程食べ易かっただろう。

一方の牛鍋だが、京都風の甘口米味噌だと優しすぎるのか、肉のにおいが少し鼻についた。ひょっとしたら、風味が強い豆味噌の方が牛肉にはあったのかもしれない。だが、まだ牛肉に対する知識も技術も未熟だった時代の話である。この中途半端さがかえって当時の実態に近いように思われる。

さしが入った牛肉など当時あるわけがないので、国産牛の脂肪の一切入っていないもも肉である。

一口食べた感想はパサパサ。

しかし、嚙んでいるうちに、肉の風味が、いやがおうでも食欲を刺激する。

残念ながら、米味噌との取り合わせはあまりしっくりいっていないようだが、このぎこちなさも、当時の日本人の牛肉に対する驚きと戸惑いをあらわしているようで、何だか愛おしく感じる。

一方、葱と蕪は息があうようである。

牛肉の出しが染みて、ほくほくと旨い。

他のレシピを見ると、獣肉の種類によって付け合わせの野菜を変えているようなので、牛肉にあうのがどれか日本人はすぐ見つけてしまったようである。戦国時代の人々は胃袋だけでなく、頭の消化もなかなかよい人たちだったに違いない。

食のタブーを破ることの怖さ

前も引用したが「人は食べるものそのもの」である。

イザナミは、黄泉の国に迎えに来てくれた夫イザナギに「この国の食べ物を食べてしまったので、もう帰ることは出来ない」と答えた。

食べ物の禁忌を破ったら、もう元の自分に戻ることは出来ないのだ。

それは、あれほど牛肉の禁忌にうるさかったはずの日本人が、明治維新で解禁になった後はその美味しさに病みつきになり、ついには和牛が世界的な最高級ブランドの一つになってしまったことからも分かる。

小田原で牛を食べた三人も、蒲生氏郷は早死にしたが、牛肉食を振る舞った高山右近は、日本が鎖国し、キリシタン禁止令が出た後も、信仰を捨てることが出来ず、マニラに追放になった末、客死する。

細川忠興はキリシタンにはならず、鎖国や禁令の影響は被らなかったが、牛肉食の衝撃は尾を引き、それは子孫や藩風に反映された。子息の忠利《ただとし》は西洋風のものを好み、なかでもワインに目がなかった。輸入するだけでなく、日本初の国産ワインを造っている。余談だが、意外なことに真田信之もワインが好きで、細川忠利が信之にワインを贈ってやった旨を記した手紙が残る。これからはドラマなどでは、織田信長でなく、真田信之をワイン片手に登場させてやったほうがよいのかもしれない。

また、忠利が入封した熊本藩は江戸時代を通じて、海外への好奇心が強い藩で、十八世紀には薩摩の島津重豪《しげひで》と並んで、蘭癖《らんぺき》大名として有名な細川重賢《しげかた》を生み、幕末での雄藩としての活躍につながっていく。

こうした顛末《てんまつ》を見ると、むきになって牛肉食を非難した秀吉が、いかに正しかったかが分かる。

彼は誰よりも食のタブーの恐ろしさを知っていたのだ。

そして、きっと牛肉の美味しさも。

というのも、実は、ルイス・フロイスがこんな記録を残しているのである。

「私たちの食物も彼らの間ではとても望まれております。とりわけ、これまで日本人が非常に嫌悪していました卵や牛肉料理がそうなのです。太閤様までがそれらの食物をとても好んでいます」（『完訳フロイス日本史』ルイス・フロイス著、松田毅一・川崎桃太訳）

第八章　ほうとう

戦国時代の麺食の実態とは？

一つも善い事をしなかった人・信玄

「糠味噌汁《ぬかみそ》」の章で取り上げた井伊直政《なおまさ》は、武田家滅亡後その旧臣を家臣としてつけられた。歴戦の甲州武士から見たら、若い主君は危なっかしく見えたらしい。旧主・信玄《しんげん》を引き合いに家臣らが諫言《かんげん》する書面を送ったという逸話が残っている。

「人には必ず好敵手がいた方がよいと思います。昔の主君のことをとやかくいうのもどうかと思いますが、信玄は若い時から一つとして心から善い事をしたことのない人でした。それでも、いつも越後の上杉謙信《けんしん》を目標にして、勝るよう努め励んでいました。だから、信玄は一生の間、五度に及ぶ大戦に采配を振るいましたが、大きな敗北は一つもなかったのです。殿も本多忠勝《ただかつ》*を目指し、勉め劣らぬよう励んでください。古《いにし》えより言う、進まず退かざる良将というのは、忠勝の他にございません」(『常山紀談』)

「若い時から一つとして心から善い事をしたことのない人」というのは、ずいぶんな悪口だが、これが長年信玄に付き従ってきた者の、旧主に対する偽らざる評価だったらしい。

確かに、信玄の履歴にはほめられるようなことが少ない。

そもそも父・信虎《のぶとら》を追放して家督を奪っている。

さらに、信濃攻略の手始めに、妹婿の諏訪頼重《すわよりしげ》を切腹させ所領を横領。ショックで妹禰々《ねね》はわずか十六歳の若さで病死し、二人の間に生まれた息子、つまり信玄にとって甥《おい》にあたる寅王《とらおう》はまもなく消息が不明となる。

我が子に対しても惨《むご》いことをした。

今川義元《よしもと》、北条氏康《うじやす》と三国同盟を結ぶと、その紐帯《ちゆうたい》を確固たるものにするため、嫡男・義信《よしのぶ》の妻に義元の娘を迎え、娘の黄梅院《おうばいいん》は氏康の嫡男である北条氏政《うじまさ》の元に嫁がせている。どちらも仲睦まじい夫婦だったというが、義元が桶狭間《おけはざま》の戦い（一五六〇）で戦死すると、さっさと今川家との同盟を解消。妻との縁から今川家との同盟の維持にこだわる義信を切腹に追い込み、その妻も今川家につき返している。

哀れなのは信玄自身の娘・黄梅院で、北条氏政は心から彼女のことを愛し、嫡男・氏直《うじなお》をはじめとする二男二女をもうけていたが、事ここに至ってはやむをえず、泣く泣く彼女

＊（一五四八〜一六一〇）。徳川四天王の一人。武勇の誉れ高く、生涯で五〇余りの合戦に臨んだが、いずれの戦いにおいてもかすり傷一つ負わなかったという伝説の持ち主

と離縁した。武田家に戻った彼女は、鬱屈《うっくつ》した日々の末、二七歳で早逝している。

織田信長も、信玄のことは心から恐ろしかったらしく、卑屈といっていいほどの外交的媚態《びたい》を見せていたが、最悪のタイミングで裏切られた。* 世に名高い、元亀三年（一五七二）から始まる西上《せいじょう》作戦である。

信長はこの時、本当にショックだったようで、謙信への書状に「前代未聞の無道」「侍の義理を知らず」と罵詈雑言《ばりぞうごん》を並べた末、「未来永劫《えいごう》を経候《そうろう》といえども、再びあい通じまじく候」と怒りをぶちまけている。「幾重も遺恨更不可休候《やすむべからず》」という文言もあり、この遺恨が武田家滅亡へとたどりつくのだから、何か肌が粟立《あわだ》つものを感じさせる。

甲府盆地を守り続けた信玄堤

織田信長をはじめ様々な人から恨みを買い、家臣から恐れられていた信玄だが、現在、郷土山梨での人気は絶大だ。

甲府駅前ではいきなり信玄のどでかい像が出迎えてくれるし、デパートだろうが、スーパーだろうが、居酒屋だろうが、甲府では信玄という文字と武田菱（菱形四つを菱形に組み合わせた紋）が目に入る。

山梨を訪れた際、必ず「信玄公」と敬称を付けて呼ぶようにしたが、それを聞くと地元の人は本当にうれしそうな顔をした。信玄は今もなお山梨の人々の心のなかで息づき、愛されているようである。

それも当然というべき功績があることを、二〇一九年、関東甲信越各地に甚大な被害をもたらした台風十九号が皮肉な形で証明した。

千曲川の決壊により甚大な被害のあった長野県をはじめとする周辺県と比較し、被害が格段に軽微だったのだ。インターネット上では「甲府盆地を水害から守った」と信玄の作った信玄堤《しんげんづつみ》を絶賛する声が相次いだ。

もっとも山梨日日新聞電子版の一〇月十四日の記事によると、

〝今回の台風で甲府市や甲斐市で大雨の特別警報は発令されておらず、甲府河川国道事務所の金子隆信副所長は「今回は県南部の雨量が非常に多く、富士川は避難判断水位を超え

*室町幕府十五代将軍・足利義昭《あしかがよしあき》は信長の傀儡《かいらい》将軍であることを潔しとせず、朝倉義景《よしかげ》、浅井長政《ながまさ》、本願寺らと手を結び、「信長包囲網」を築き上げていた。この状況下で信玄は、信長と同盟関係にあった徳川家康の領地である遠江へと侵入した

たが、釜無川の水位はそこまで上昇しなかった」と説明。ネット上の書き込みには否定的な見方を示したが、「信玄堤が甲府盆地を守っているのは確か。今も昔も変わらない」と話した〟

ということなので、水害がなかったことと信玄堤を短絡的に結びつけるのも危険なようだ。ただ、記事の末尾にあるように、信玄堤が四〇〇年、甲府盆地を守り続けてきたのもまた確かである。

山梨県のPR誌「山梨てくてくVOL.06」で歴史学者の平山優がこう語っている。

「以前、地元の人に伊勢湾台風（一九五九年）の時の話を聞きました。当時も信玄堤の脇に家があったわけですが、波頭を立てて川幅いっぱいまで水が押し寄せてきたそうです。誰もがこれはもうダメだと思ったけれど、信玄堤は切れずに下流の新しい堤防が切れたと言っていました。今でも信玄堤は現役なんです」

しかし、甲斐の土地に大きな足跡を残した信玄は、その偉大さから時に彼自身、身に覚えがないような事柄に紐《ひも》づけられることも多いようだ。

例えば、甲府から川中島へ至る棒道《ぼうみち》は、長らく信玄が開発した軍用道路とされていたが、実際は長野の善光寺に参るために、無数の旅人たちによって作られた巡礼路であったことが分かっている。

こうした、信玄もあずかり知らぬところで、彼の功績にされたかもしれないものの一つに「ほうとう」がある。

ほうとう伝説の真偽とは？

『聞き書　山梨の食事』は、大正・昭和の農村の食文化を聞き取り調査した本だが、それによると、かつて、甲斐の村むらからは、ほうとうを打つ音が途絶えることがなく、ほうとうが作れなければ嫁に行けないといわれるくらいだったという。そのため、女の子は小学校五、六年生の頃から、ほうとう作りを仕込まれた。

作り方は、メリケン粉をこね鉢でこね、少し寝かせた後、のし棒（麺棒）で伸ばして幅広い麺に切り、野菜と煮込み、味噌で味をつける。これだけである。うどんとの違いは、塩を加えないこと、こねた生地をあまり寝かせないことの二つ。この違いのため、グルテン化が進まず、うどんのようなシコシコした食感はない。だが、煮込んでいるうちに、小麦粉が溶け出して麺はくたっとした食感に、汁にはとろみが出て、独特の素朴な味わいになるのである。

かつてほうとうは毎日のように食べる、主食に近い存在だったようだ。

そして、このほうとうだが、その名前の由来について三通りの説がある。

一つ目は、中国の古い農書『斉民要術《せいみんようじゅつ》』等に記されている「餺飥《はくたく》」にあるという説。ちなみにこの餺飥はワンタンのような料理である。二つ目は、穀類を粉にする行為を「ハタク」、そうして出来た粉を「ハタキモノ」と呼ぶところから来たという説である。

学術的にはこの二つが有力なようだが、世間に俗説のように広まっている、もう一つの説がある。それは、信玄自ら自身の刀（宝刀）で具材を刻んだので「ほうとう」と呼ばれるようになったというものである。

試しに「信玄　ほうとう」でインターネット検索をしてみると、三六万二〇〇〇件の記事がヒットした（原稿執筆時）。戦国の食を扱った書籍などでも、「ほうとう」は信玄の陣中食として紹介されることが多い。そのため、私も信玄が「ほうとう」を考案したと思い込んでいたのだが、『山梨県史　民俗編』の「観光食ホウトウの誕生」という節で、〝信玄の陣中食としてほうとうが生まれた〟という説を批判検証している。

それによると、まずこの説は大抵以下の三つの要素に分けられる。

一　平安時代の宮廷で食されていた菓子が原型である
二　武田信玄が野戦食（陣中食）として用いた
三　野菜を切る時に伝家の宝刀を使った

『山梨県史　民俗編』はほうとう料理店のパンフレットや、様々な甲州の食を扱った一般書などを渉猟しながら、この説の起源を探る。そして、その結果、一九六〇年代以前に宝刀由来説を書いた文献資料は一つもないことを突き止める。

とすると、「信玄の陣中食としてほうとうが生まれた」という説は一九六〇年代以降に発生したと考えていいかもしれない。皮肉なことに、高度経済成長期にあたり、ほうとうが山梨の一般家庭の食卓から消えていく時期だった。

日常の食卓において影が薄くなる代わりに、ほうとうの専門店があらわれ、観光客が物珍しさから食べるものになる。

『山梨県史　民俗編』はそこまで言ってはいないが、観光地で食べるものには、晴れがましい由来がある方が好ましい。甲府駅前に有名な信玄像が出来たのは一九六九年。信玄像を眺めながら、ほうとうを食べている観光客に、耳当たりのよい話をしたくなったのではないだろうか。

確かに、『甲陽軍鑑《こうようぐんかん》』にも「麺子《めんす》」という言葉は出てくるが「ほうとう」という記述はない。そもそも、甲斐のほうとうが文書史料で確認できるのは、戦国時代よりずっと後のことである。

まず、宝暦二年（一七五二）、甲府勤番の武士・野田成方《しげかた》が記した『裏見寒話《うらみかんわ》』に「ほうとう」があらわれる。「餛飩《うどん》を太く切り、味噌汁にて煮て食す」と書かれているが、当時は、ほうとうとうどんを明確に分けて考えていなかったのだろうか。

次に、文化十二年（一八一五）、日向国《ひゅうが》（宮崎県）の修験者である野田泉光院《せんこういん》が、その旅日記『日本九峯《きゅうほう》修行日記』のなかで、甲斐国を訪れた際、「放とう」を食したと記している。泉光院が訪れた頃の甲斐で既にほうとうは名物になっていたようなので、十九世紀以前のどこかのタイミングで、ほうとうは甲斐の一般家庭で食べられていたようである。

「じゃあ、信玄とほうとうには何の関係もないということ？」

「ほうとうを戦国飯として取り上げるのは間違いなんじゃない？」

こうした声も出てきそうだが、そう考えるのは少し待ってもらいたい。

信玄と直接関係はなくとも、山梨でほうとうが名物になった遠因に、彼の軍事、政治的活動が関与している可能性があるのだ。

キーワードは「塩」と「石臼《いしうす》（挽臼《ひきうす》）」である。

素麺から始まった日本の麺

まず、日本の麺《めん》の歴史を振り返ってみよう。

雑穀や木の実を粉にして食べる粉食自体は、日本に古くから根付いている食文化である。縄文時代の遺跡からすり石・石皿、栗を粉にして固めて焼いた、いわゆる縄文クッキーの残骸が見つかっている。

しかし、粉をこねて伸ばして作る麺食はずっと後、七世紀以降に中国に派遣された遣唐使が持ち帰った索餅《さくべい》から始まったとされている。

索餅のレシピは、平安中期の『延喜式《えんぎしき》』をもとに、文化人類学者の石毛直道が『麺の文化史』のなかで分析しているが、それによると、以下の比率で、塩が含まれている。

コムギ粉　二・五
コメ粉　一
塩　〇・一五

小麦粉の生地に塩を混ぜると、生地に網状に広がってグルテンを引き締めるためよりシコシコとした食感になる、美味しくなる、日持ちする、乾燥を防ぐなどの効果が得られるが、中国ではすでにそのことが分かっていたらしい。

形状は素麺《そうめん》に近く、麺を伸ばすのは、専ら手延べによるものだったようだ。素麺づくりには熟練の技術がいる。そのため、索餅は専門業者によって作られる高価なもので、貴族や僧侶など上流階級の者の口にしか入らなかった。

時代が下ると、索餅の後継と思われる素麺のほかに、切り麺であるうどんなどがあらわれる。

京都の中堅貴族、山科《やましな》家の記録には、うどん、切麦、冷麦《ひやむぎ》、素麺、坂本素麺、きしめんといった多数の麺の記述がある。坂本素麺は近江《おうみ》坂本（滋賀県大津市坂本）で作られたもので、当地の名産だったようだ。ほかにも京の大徳寺素麺、大和の三輪素麺などが、すでにブランド化していた。能登《のと》（石川県北部）の素麺は、小麦の外皮が混じり、下等品として嫌がられていたが、これが近世になって「輪島素麺」として名産品になる。前田利家《としいえ》が、天正十五年（一五八七）に輪島の素麺座を楽座に、つまり規制緩和しているので、その影響もあったのだろうか？

高級品だった麺類

様々な麺があったとはいえ、戦国時代、麺は一部の者しか食べられない、高級品だったようである。

理由を麺製造の工程を追いながら述べていこう。

まずは原料から言うと、雑穀も主食である米の飯に混ぜて食べる粒食《りゅうしょく》に向いているものが栽培された。麦で言えばすりつぶさなくてはならない小麦より、粒のまま食べられる大麦である。結果、現在、麺食の主役である小麦が広く一般に出回る量はほんのわずかだった。

次に穀類をすりつぶす石臼もあまり普及していなかった。「石うすは土民所帯道具のうち、第一重宝なるものなり」（『百姓伝記』）と言われるのは江戸時代になってからで、石臼は寺院や上級武士、富裕な農家の邸宅の台所にしか置いていなかった。縄文時代以来のすり石、石皿はあっただろうが、これで小麦を粉にするのはかなり骨である。

さらに、ここから生地を細長く引き伸ばして麺にするには、素麺のような手延べと、うどんのような切り麺、二つの製法がある。

中世まで、一般家庭ではどちらも難しかった。

手延べの方は、技量の問題で、専門の訓練をしないと出来るものではなかった。

一方、切り麺の方は、技量的には難しくない。山科家の記録でも、うどん粉が手に入った際、妻に頼んでうどんを作ってもらったという記述がある。素麺は素麺屋から買うものだったが、うどんは家庭でできるものだった。

だが、道具の問題があった。

今ではなんでもない、のし台と、麺棒は、当時のハイテクの集積物である。広い板を切り取るには大鋸《おが》が、その板を水平にするにはカンナが、断面が完全に円形の棒を作るにはろくろがいる。これらが普及して、一般に、のし台と麺棒を持てるようになるのは、江戸時代になってからで、戦国時代はまだ過渡期である。

甲斐には石臼が大量にあった？

さて、ここまでの話を踏まえて、再度、甲斐のほうとうについて考えていこう。

先にキーワードとして「石臼」と「塩」をあげた。

石臼についてだが、私は甲斐は他の国と比較して、多く存在したのではないかと考えている。実は、石臼は、寺院、上級武士、富裕な農家のほかに、あと二つ、大量に存在していたと考えられる場所があるのだ。

一つは軍隊。

火縄銃に必須の火薬を作るためには、木炭や硝石《しょうせき》をすりつぶす必要があり、それに石臼が使われていたのだ。そのため、当時の軍は、行軍する時も、石臼を携えて行った。最新の研究では、武田氏はむしろ鉄砲の装備率が高い方だったらしいので、無論、風林火山の旗の下にも石臼が大量にあっただろう。

甲斐、信州は山間の盆地が多いため、米が取れず麦作《ばくさく》が盛んだった。小麦を徴発した時は、この石臼を流用して粉にしただろうし、農民の方も小麦や蕎麦《そば》を提供する代わりに幾らか粉にしてもらうこともあっただろう。

だが、これは全国、どの戦国大名でも、鉄砲装備が進んだ大名なら同じ話である。麦作が盛んな土地は、甲斐以外にもたくさんあるだろう。

ここで、もう一つ、甲斐独自の事情として金山の存在がある。

当時、鉱石から金を取り出すためには、石臼が必要だった。熱した金鉱石を砕いた後、石臼でひいて粉にし、砂金取りと同じ要領で金だけを選り分けるのである。そのため、黒川金山や、甲府の城下町でも、金山衆《かなやましゅう》（金山の経営を行う山師）の住んでいたと思われる場所から、石臼が見つかっている。

信玄の晩年には、金山の採掘量は減っていたそうなので、使い道のなくなった臼の目立てを小麦用に変えて、民間に放出するようなこともあったかもしれない。

信玄への「塩留」

次に塩についてだが、これは「ああ、あのことか」とピンときた人も多いだろう。山国であるため、もともと塩が不足しがちな甲斐だが、信玄の所業のためその流通路が完全に断たれた事件があった。永禄一〇年（一五六七）八月の塩留《しおどめ》である。桶狭間で今川義元が討たれて以来、衰退著しい今川氏を見限った信玄は、三国同盟を破棄し、侵略の意志をあらわにする。これに怒った今川氏、北条氏は共同で塩の供給を断つ。苦境に陥った信玄に、謙信が「人の弱みにつけこむのは義ではない」と手を差し伸べ、これが「敵に塩を送る」の由来となったというのは本書においてはあくまでも余談である。

この時期、甲斐では塩の値が高騰し、麵を作るのにも、塩をふんだんに使うようなことはできなかったはずである。

ほうとうのレシピを思い出してもらいたい。

ほうとうがうどんと違うのは、塩を加えないこと、こねた生地をあまり寝かせないことである。うどんから引き算して出来たような麺がほうとうなのである。

しかし、索餅のレシピで分かる通り、中国から渡来した当初から日本では麺に塩を入れた。うどんも、江戸時代初期の『本朝食鑑《ほんちょうしょっかん》』には塩水でこねると書かれている。

塩を入れることのメリットは、食感、食味、保存性など数多い。にもかかわらず、わざわざ抜かなくてはならないようなのっぴきならない事情があったことが、日本の歴史上明白なのは、信玄が支配していた時期の甲斐だけなのだ。

また、寝かせてグルテン化させる工程を省くというのも、多忙を極める戦場の食べ物らしい。のし台、麺棒の問題についても、軍隊というのは常にその当時の最先端の技術が集まる場所ということを考えれば解決できる。のし台は板盾、麺棒は槍《やり》の柄などいくらでも代用物があるのである。

文献史料では確認できない、「信玄の陣中食としてほうとうが生まれた」説だが、物的証拠から類推していくと、可能性はゼロではない。

カレーライスが日本の国民食になったのは、徴兵された兵隊が、軍隊でレシピを覚え、除隊後に広めたせいらしいが、ほうとうも陣中で流行ったものを、甲州兵たちがそれぞれの里に持ち帰ったものなのかもしれない。

簡単に作れるほうとう

「ほうとう」を実際に作ってみよう。

まず、中力粉に水だけを注ぎ「でっちる」。でっちる、は山梨の方言でこねるの意味である。我が家にこね鉢はないのでボウルで代用する。

耳たぶくらいの固さになったら、丸めて、濡《ぬ》れ布巾《ぶきん》をかけ三〇分寝かせる。寝かせる時間は、『聞き書　山梨の食事』で紹介された製法に従った。寝かせる時間によって、麺の食感が変わるようだが、いずれにせよ、短時間でよい。

寝かせたら、生地を麺棒で伸ばした後、麺棒に巻きつけて、棒に沿って一筋切る。

麺棒を除いて幅広に切り分ければ、麺は出来上がりである。

これを味噌仕立ての鍋にぶち込み、カボチャ、人参、シイタケ、シメジなどとともに煮込む。味噌は信玄にもゆかりがあり、淡色の米味噌ながら塩分が濃く強い味わいの信州味噌にした。

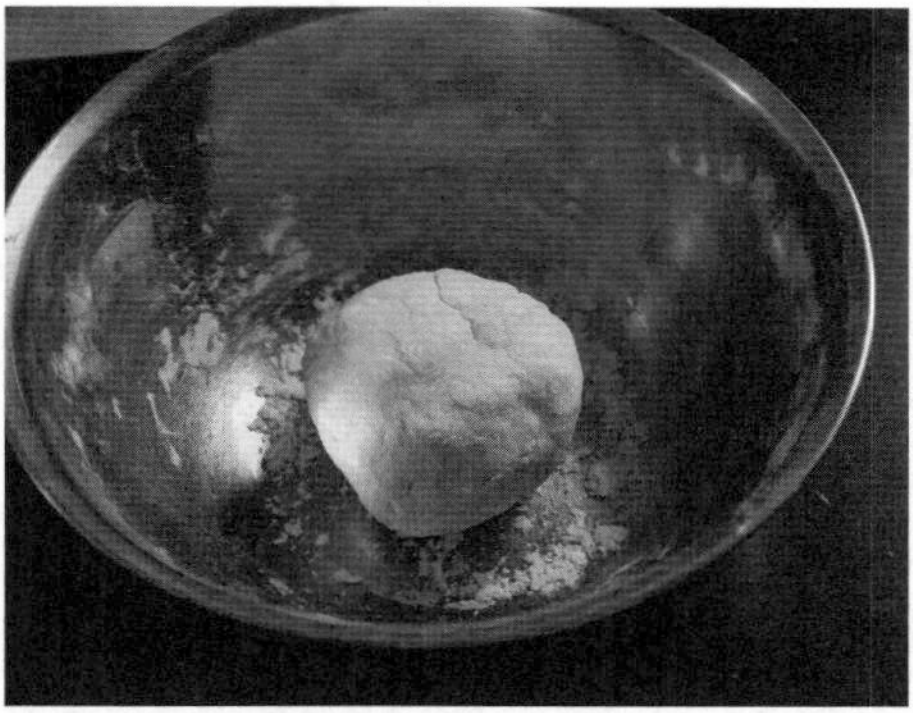

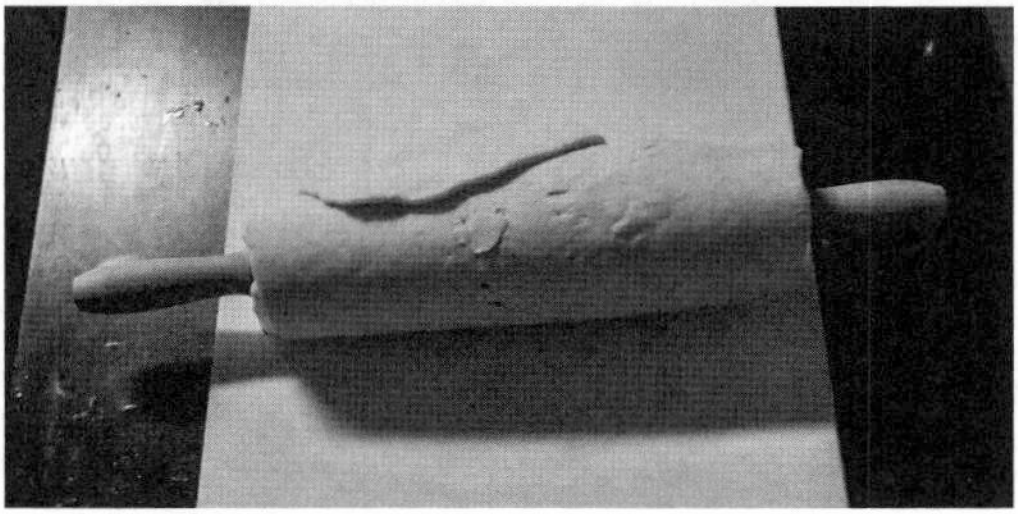

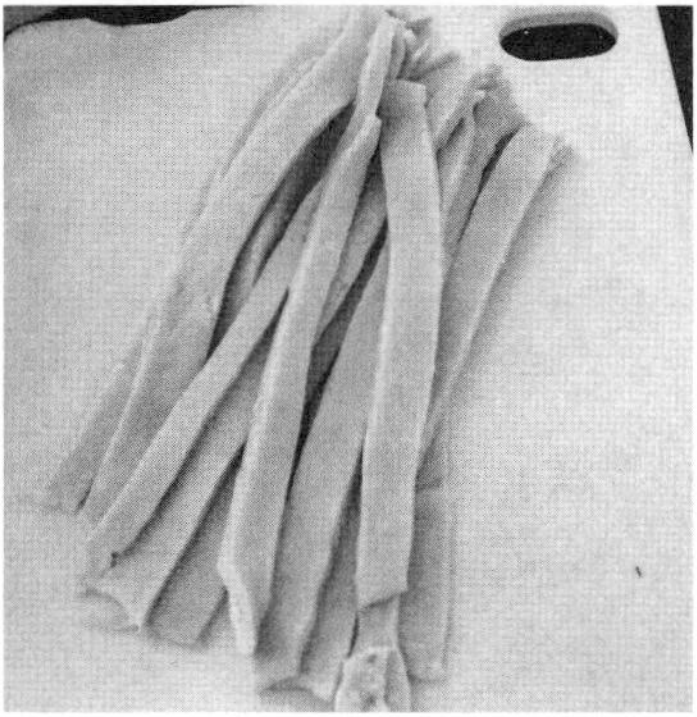

上:ボウルで中力粉をでっちり、ひとまとめに
中:伸ばしたら麺棒に巻きつけ、一筋切る
下:平麺で長さの短いほうとうの麺の出来上がり。これを鍋で煮込む

ほうとうの出来上がり。見た目も味もよかった

出来上がりがこちらである。

見た目は美味しそう。

箸《はし》で持ち上げると麺は汁を含んでくたくたで、さぬきうどんのようにチュルチュルと滑るようではない。噛《か》み切っては少しずつ口のなかに運ぶ。さぬきうどんは噛むとプチンと小気味よくはじけるが、こちらは柔らかく豊満で噛みごたえは肉感的である。

正直、筆者は、さぬき系のつるつるシコシコしたうどんの食感が好みで、ほうとうはそこから外れるのだが、まあまあ悪くない。

麺から溶け出した小麦粉で、トロリとした汁の味もよい。食べているうちに、汗が出て、体がポカポカしてくる。

美味しい。

ちなみに、筆者は麺打ちは初めてだった。

『山梨県史　民俗編』では、ほうとうの長所として、調理方法が簡便なことを第一にあげているが、なるほどその通りで、初心者の私でも作ることができた。この辺の実用的なところも陣中食っぽいのである。

その他にも「他の食材との混合が容易」「栄養のバランスが非常に優れている」「わずかの工夫で料理に変化を加えることができる」があげられている。どれも毎日食べる、おふくろの味にも、陣中食にもピッタリの要素である。

文献をもとに自分で作っただけで、これがほうとうだ、と言うのも不安なので、山梨に実際に行って食べてみた。

甲府駅前にある某有名チェーンのほうとうを食べたが、正直、私が作ったものとどっこいどっこいの味だった。

次に山梨料理が売りの居酒屋で頼むとけっこう待たされた。

手持ち無沙汰な感じが伝わってしまったのか、マスターが苦笑いしながら、

「ほうとうには一つ欠点がある。くたくたになるまで煮込まないと、ほうとうじゃないから、出すまで時間がかかるんだよ」

と言った。

客も多い時間帯に汗だくで汁の具合を見てくれて、少し申し訳なかったが、その甲斐もあって、出されたほうとうは美味しかった。

丁寧に作られているようで、麺は形もそろっているし、食感はつるつるシコシコで……あれっ、これはもう、きしめんなんじゃない？

どうも昨今の流行りにあわせて、寝かせる時間や、塩の量を調節しているらしく、そうすると、どうしてもうどんの食味に近づいてしまうようである。

本当の郷土料理を食べるというのもなかなか難しいものだ。

呼び名が甲斐の戦国勢力図を示す

実は山梨県全域でこの幅広の麺がほうとうと呼ばれているわけではない。

ほうとうは甲府盆地を中心にした地域の呼び方で、南部ではノシコミ、ノシイレ、東の郡内ではニコミ、ないしはニゴミと呼ばれている。

『山梨県史　民俗編』に掲載されている呼称の分布図を見た時、私は噴き出しそうになった。武田氏が支配する国中《くになか》地域（ホウトウ）、穴山氏が支配する河内《かわうち》地域（ノシコミ、ノシイレ）、そして小山田氏が支配する郡内地域（ニコミ、ニゴミ）に綺麗に分かれていたのだ。

山の稜線に囲まれて、大きな盆地が一つデンとある甲斐の国だが、「九筋二領《くすじにりよう》」という言葉の通り、国内も山脈に隔絶されて、国中、河内、郡内の、三つの地域に分かれている。

地理的な条件で本来、バラバラになってもおかしくない甲斐の国を、一つにまとめたのは信虎、信玄、勝頼の、武田氏累年の尽力によるものだ。そして、武田氏が衰えると、たちまちその紐帯は切れてしまった。

今回の取材で、新府《しんぷ》城、武田八幡神社の後、武田勝頼終焉《しゆうえん》の地・天目山と、勝頼の墓がある景徳院、そして小山田氏の本拠である岩殿《いわどの》城を訪れたが、そのことを痛感させられた。

織田家に攻められた武田勝頼が、真田昌幸《まさゆき》の提案を受け入れずに、新府城を棄て、小山田信茂《のぶしげ》の持ち城である岩殿城に逃れようとして、信茂に裏切られた経緯は「スギナ」の章で記した通りである（110頁）。

甲府を挟んで、新府城、武田八幡神社と、岩殿城は逆方向にある。車でもずいぶん遠かったが、その分、落ち延びる時の勝頼の辛さが分かるようだった。

吉田のうどんと小山田信茂の裏切り

景徳院の後、岩殿城に行くと、登山道の土砂崩落のため遠回りしないと、山頂までは登れなくなっていた。五時間もかかるということなので下から見上げるだけであきらめた。巨大な一枚岩の上にあったという岩殿城は、なるほど守りが堅そうだった。

小腹がすいたので、店を探すと、麓《ふもと》にほうとうではなく、吉田のうどんの店があった。

こちらはコシが強い、強すぎるような麺で、ほうとう全盛の山梨のなかで、一人気を吐いて、その勢力図に独特の色を添えている。するとつるつる小気味よく滑るが、噛むとニチャッとした歯ごたえがある。

ほかに客がいたが、千葉ナンバーの車で、ここは国中と関東の間の土地であることを思い出した。小山田氏は、武田氏だけでなく、北条氏から安堵された土地も持つ両属の家だった。

ちなみに、吉田のうどんの生まれた富士吉田は、武田家と小山田家が、戦国時代前期、激しい抗争を繰り広げた土地である。

どうも、麺という観点から見ても、小山田信茂の裏切りは宿命だったようだ。

第九章　味噌

行軍中にできる謎の味噌の正体を追う

料理人を殺そうとした織田信長

天正元年（一五七三）、三好《みよし》家が滅んだ時、*1 料理庖丁の上手として坪内《つぼうち》某《なにがし》という者が、織田家に生け捕りになった。

坪内は鶴鯉《つるこい》の庖丁は言うに及ばず、*2 七五三の饗膳《きょうぜん》*3 の儀式もよく知る者だったので、市原五右衛門という者が「厨《くりや》のことを任せてみては？」と信長に進言した。

「明朝、料理させてみろ。その塩梅《あんばい》で判断しよう」

明くる朝、坪内が膳《ぜん》を出すと、信長は一口食べ、そしてそのまま箸《はし》を置いた。

「殺せ」

冷ややかな言葉が響いた。

「水くさくて食えたもんではない」

勧めた五右衛門は言うに及ばず、満座の家臣が青ざめるなか、坪内は涼しい顔で言った。

「かしこまりました。しかし、今一度機会を頂きたい。それでも、お心にそぐわないようでしたら、腹を切りましょう」

信長はそれを許した。

翌日、坪内は再び膳を出した。

信長は一口食べ、しばらく考える風だった。相伴《しょうばん》の者は固唾を呑んで見守っていたが、箸は置かれなかった。

そのまま、二口、三口と、箸が進んでいく。

やがて、信長の白皙《はくせき》の顔に、うっとりした幸せそうな色が、家来衆がそうと気づくほどに浮かんだ。

結局、信長は坪内の料理をすべて平らげた。

「今日のは美味かった。ほめて遣《つか》わす。禄《ろく》を与えるからこのまま料理人として仕えよ」

「ありがたき幸せ」

皆が胸をなでおろすなか、上機嫌の信長が聞いた。

「昨日と今日で料理の出来が殊の外違ったが何故だ？」

＊1　三好義継《よしつぐ》（?～一五七三）は足利義昭に応じて信長に背き、信長の武将・佐久間信盛《のぶもり》らに攻められて自殺した

＊2・3　庖丁式の儀礼で鶴や鯉が使われる。七五三は祝儀の物事に用いる数で、それにちなんで、本膳に七菜、二の膳に五菜、三の膳に三菜を出す祝儀の馳走

「お答えしましょう」

坪内は言った。

「昨日の塩梅は三好家のものでした。三好は長輝《ながてる》より五代公方家《くぼうけ》の執事を務め、天下の政《まつりごと》をつかさどりましたので、何事も卑《いや》しからぬ家風です。昨日は三好家風に、第一等の料理を出したのですが、御意にかないませんでした。それで、今日は野卑で田舎風の塩梅にしたのです。料理としては三等ですが、お気に召されたようでようございました」

以上は、『常山紀談《じょうざんきだん》』に記されている逸話である。

この後、坪内がどうなったかまでは記されていないので、彼の運命は想像に任せる他ないが、結局、三好家風と田舎風で坪内は具体的にどう味付けを変えたのだろうか？ 加える塩の匙《さじ》加減もあるだろうが、私は味噌《みそ》を変えたのだと思う。

調味料といえば味噌

ルイス・フロイスは日本の食習慣についてこう証言している。

「われわれは食物に種々の薬味を加えて調味する。日本人は味噌misóで調味する。味噌は米と腐敗した穀物とを塩で混ぜ合わせたものである」

(『ヨーロッパ文化と日本文化』ルイス・フロイス著、岡田章雄訳注)

腐敗した穀物というのは麹《こうじ》のことだろう。米で作ったとあるのは、フロイスの誤解か、糠《ぬか》味噌を指したものと思われる。イエズス会が発行した『日葡辞書《にっぽじしょ》』の方にはちゃんとMisoは大豆から作られていると記載されている。

「糠味噌汁」の章で述べた通り、当時、醤油《しょうゆ》はまだ一般には普及していなかったため、調味料の王様は味噌だった。

そして地域差もあった。京都は米麹を使う米味噌圏に属するのに対し、信長の出身地である尾張《おわり》は隣国の美濃《みの》、三河《みかわ》とともに豆麹を使った豆味噌圏に属する。ほのかに甘く優しい舌ざわりの米味噌に対し、豆味噌は強烈なうまみに渋味が伴う。京の味噌汁と、名古屋の味噌カツのタレを思い浮かべたらよいかもしれない。腕によりをかけて京風の味付けにしたのに「殺せ」とまで言われて、坪内は嫌みの一つも言いたくなったのだろう。だが、坪内が田舎の味と酷評した豆味噌こそが、信長、秀吉、家康を天下人にしたパワーの源だった。

現在の愛知県出身の彼らは皆、豆味噌文化圏で生まれ育った武将たちである。

味噌で天下を取った伊達政宗

強力な戦国大名がいた土地には、大抵、美味しい味噌がある。

例えば、東北の覇者、伊達政宗《まさむね》の本拠地、仙台には仙台味噌という有名な味噌が存在する。政宗は弱冠十八歳で家督を継いで以来、周辺諸国と苛烈な戦いを繰り広げ、日本有数の大領土を勝ち取ったが、その過程で後に「仙台糒《ほしいい》」「仙台味噌」と呼ばれる携行食が発達する。朝鮮出兵の時には、大陸の寒暑厳しい風土に、諸国の味噌が軒並みやられてしまうなか、伊達家の味噌だけが傷まなかった。朝鮮滞在の諸将はこぞって伊達家の味噌を欲しがったという。

慶長六年（一六〇一）に青葉山に仙台城を築き始めると、その郊外に御塩噌蔵《おえんそぐら》を設け、味噌を備蓄させた。この御塩噌蔵を任されたのが、常陸《ひたち》国真壁《まかべ》郡（茨城県の中西部）の真壁屋市兵衛で、政宗は彼に玄米一〇〇石の扶持を与え、味噌造りに取り組ませた。真壁屋は寛永三年（一六二六）三月、仙台城下の国分町に「仙台味噌」の看板を掲げ、仙台味噌の元祖となる。

仙台味噌は米麹を使った米味噌だが、山吹色ともいわれる、独特の光沢のある赤味噌で、塩味、うまみともに濃く、風味が大変に優れている。

仙台藩では、国内のみならず、江戸に七つあった藩邸の一つ、大井（品川区東大井四丁目付近）の下屋敷でも仙台味噌を醸造させた。原料の米、大豆はもちろん、麹に至るまでわざわざ仙台から海路で運ばせたというから、大変な凝りようである。はじめは江戸勤番の士卒のための醸造であったが、分与を乞う者も多く、二代忠宗《ただむね》の時代から庶民にも払い下げられるようになった。

世界最大の都市へと駆け上がろうとしている江戸は、建築現場に事欠かず、力仕事に従事する出稼ぎ人が多かった。そんな彼らの嗜好《しこう》に、塩味もうまみも濃い仙台味噌はぴったりだった。以後、仙台米とともに江戸の市中に確固たるシェアを築く。その覇権《はけん》は、戦後、信州味噌が台頭するまで続くので、味噌だけに関して言えば、政宗は天下を取ったのかもしれない。

味噌を造れ！　信玄が残した命令書とは？

甲斐の武田信玄は、川中島に至る道筋の村々に味噌造りを奨励したという記録が残っている。

河原信三の著した『信玄とその一党』に詳しいが、永禄の初め頃、塩の供給ルートを断たれることを恐れていた信玄は、下総《しもうさ》国目吹《めぶき》（千葉県野田市）城主・佐々木義信の献言を容れ、野田の飯田市郎兵衛を招いて、比志保《ひしお》（醤）のたまり製法を取り入れる。そして、甲斐国内のみならず、川中島へ至る、信濃の兵站線《へいたんせん》沿いに味噌づくりを奨励した。

以下は、武田家文書「川中島溜由来」として記録されている、信玄の命令書である。

一、川中島をはじめ、信濃国全体の川添い左右五里の奥地まで、各戸は必ず味噌造りを励行すること。
一、軍が味噌を徴弁する時は、三年味噌から高価に買上げ、自然貯備量を増加させること。
一、混入米麦は、現地の実情に応じて、百姓の好みを活用すること。

（『信玄とその一党』河原信三著）

信州味噌は現在、全国的に有名だが、その協会のサイト「信州みそラボ」の年表にも、

味噌嘗地蔵。お参りにきたばかりの人がいたのか、新鮮な味噌のにおいがした

〝信濃国に味噌造りが普及したのは、武田信玄が行軍用（兵糧）として造らせた「川中島溜」以来とされる〟

と記載されている。

真偽はともかく、今でも造り手のなかには、信州味噌の創始に信玄が関わっていると考えている人もいるようだ。

信玄と味噌と言えば、山梨県北杜《ほくと》市須玉《すたま》町若神子《わかみこ》に「味噌嘗《なめ》地蔵」というお地蔵さんがある。

北杜市のサイトには、信玄が「信州川中島から甲州に遷《うつ》そうと、縄をまきつけてズルズルと引いてきた」「大門峠《だいもんとうげ》であまりに光り輝く地蔵ゆえ、まぶしくて兵を進められず、甲州へ引いてきた」と二つの由緒が紹介されている。実際、お地蔵さんの背中には、縄で縛ったような跡がある。

信玄由来の話は信ぴょう性に乏しいものも多いが、川中島と信玄の北信濃攻略の攻め口である大門峠が出てくるあたり、このお地蔵さんは、彼の軍事活動と本当に何か関係があるのかもしれない。

この味噌嘗地蔵は、体の具合が悪い場所に味噌を塗ると治るご利益があるという。なので全身味噌まみれである。

私もこの地を訪ねた際、自分で造った「陣立味噌《じんだて》」を持ってきていた。塗ろうと思ったが、体はどこも悪くない。迷った末に、頭に塗ることにした。少しは具合がよくなるかもしれない。

信玄が発明？　陣立味噌の正体とは

さて、私が味噌嘗地蔵まで持ってきた陣立味噌だが、短期間で造ることのできる元々は戦場用の味噌で、これも信玄由来という話がある。

『味噌大全』（渡邊敦光監修）には次のように記されている。

よく知られているのが、武田信玄が発明した「陣立味噌《じんだて》」という戦陣食で、武田軍は味噌を作りながら行軍しました。出陣前、煮大豆をすり鉢でよくすり、塩と麴を加えてから丸い球にして紙に包んで兵士に渡します。兵士はこれを受け取ると布の袋に入れて腰に吊るし、出発するのです。

移動手段が徒歩と馬しかない時代のことですから、行軍は一日や二日ではありません。すると、歩いていることによる揺れもあって、袋に入れてある大豆はよく練れて、麴による発酵が始まります。そして戦場に着いたころには味噌が出来上がっているのです。行軍させつつ味噌も作る。まさに一石二鳥のアイデアでした。

信玄の発明……これと同じような記述を戦国時代の食を扱った書籍やネット記事でいくつも見つけたが、正直怪しい。信玄は空海《くうかい》並みに、あらゆる事物の由来に登場する人物である。この話も当然、眉唾《まゆつば》。

だが、行軍中に出来る味噌というのは、なんとも魅力的だ。造ってみることにした。

まず、大豆を一晩水につけた後、炊飯器で二度炊いて、指で押しつぶせるくらいに柔ら

炊いた大豆をすり鉢ですり潰し、乾燥米麹と塩を加える

かくする。

すり鉢ですり潰し、粒が完全になくなるくらいになったら、乾燥米麹と塩を加え、すりこぎで麹をつぶしながらかき混ぜる。

分量はえいやで決めて、大豆：一、米麹：一、塩：〇・五の割合にした。

その後、ビニール袋に入れ、麹が呼吸できるよう口は軽く結ぶ。

そして、ビニール袋ごと麻袋に入れ、風通しのよい場所に吊《つ》り下げておいた。

行軍時の状況に近づけるため、時折、手にとっては振り回したり、散歩やジョギングに連れていったりする。段々、愛着がわいてくるから不思議である。

熟成させる間に、この「陣立味噌」の出典を調査した。

しかし、管見の限りでは、戦国時代の史料上で信玄が陣立味噌なるものを考案したという事実は確認できなかった。

陣立味噌は〝じんだ味噌〟

山梨県旧加納岩町の風俗を研究した、一九三七年出版の『微細郷土研究』（山梨県女子師範学校編）に次のような記述を見つけた。

……その調味品について見ると味噌は相当古くから用いられていた様である。特に「ぢんだ味噌」と称する即製味噌が造られた、これは武田信玄公が戦場へ急に大兵を出す場合の副食品として造られたという伝説があり、別名、信玄味噌、陣場味噌、陣中味噌等の名称もある、原料はふすま麹を主材料として、えまし麦湯またはうどんの茹汁等で仕込み、塩で調味したもので一夜で熟成するので一夜味噌という名称もある様である……。

この記述を基に考えると、どうも「ぢんだ（じんだ）」と呼ばれる即製味噌が、山梨の各家庭で造られており、それがいつしか信玄伝説と結びついて、陣立と呼ばれるようになったようである。

「じんだ」味噌の方には、江戸時代以前から豊富な記録が残っている。

鎌倉時代後期の随筆『徒然草《つれづれぐさ》』に次のような記述がある。

後世《ごせ》を思《おも》はむ者《もの》は、糂汰瓶《じんだがめ》一《ひと》つも持つまじきこと也《なり》（第九八段）

極楽往生を願うものは、糂汰味噌を造るための瓶一つも持ってはいけない。つまり物への執着をなくせと言っているわけだが、文脈からこの糂汰瓶というのが一般に誰でも持っており、そう高価なものではなかったことが分かる。

この糂汰味噌は五斗《ごと》味噌と呼ばれることもあり、大豆に糠を混ぜて嵩《かさ》を増した、庶民用の即製味噌だったらしい。『本朝食鑑』では五斗味噌のレシピを次のように記している。

大豆を煮熟したものと極末《ごくこまか》い糠とを各一斗、臼に入れて泥状になるまで搗き合わせ、次に麴一斗・塩一斗を合わせ、拌匀《かきととの》えてさらに搗き合わせ、そこへ好い糟《さけかす》一斗を加えて重ねて搗き合わせ、桶に充たして収蔵し、数日を経て熟するのを待ち、取り出して用いるのである

この「糂汰味噌」もしくは「五斗味噌」は「ぢんだ」「じんだ」あるいは「陣立」「陣屋」「一夜」など様々な呼ばれ方をしながら、戦前まで食べられていたようである。即製ながら独特の風味があったようで、一九二〇年に刊行された「初冠《ういこうむり》」という雑誌では、子供の頃に預けられた寺で食べた、和尚が作ったぢんだ味噌の味を懐かしむ記事が掲載されている。

その製法は、屑米《くずまい》と麦と大豆を煎《い》り蒸しあげたものに、糯米《もちごめ》の黴《かび》を削り入れて、筵《むしろ》の上に広げ、青すすきをかぶせた後、また筵を上からもかぶせて、風の通らない部屋に寝かせておく。数日で麴が萌え出てくるので、十分乾燥させて貯え置く。入り用になったら適量を取り出し、沸《わ》いた塩水を加えて、搔《か》きまわし馴れたものを食べるのだそうである。

ふすま麴を使ったり、糠・酒糟を使ったり、麦を使ったり、文献によって随分作り方が違うが、普通の味噌にも色々な製法があるように、糂汰味噌も地域や家庭によって様々だ

ビニールで見えにくいが、ちゃんと発酵が進み、しっとりとしている

ったようだ。

仕込んでいた陣立味噌の方に話を戻すと、仕込んでから七日目、麻袋から取り出すと、写真のような感じになっていた。

仕込んでから、冷蔵庫に寝かせたままのものもあったので比較すると、冷蔵庫の方は乾燥してパラパラして、食べてもしょっぱいだけである。

一方、外に吊るしていた方はちゃんとこなれていて、手触りがしっとり柔らかい。食べると、少し尖《とが》った感じだが、うまみもあり、ちゃんと味噌の味がする。

文献上は確認できなかったが、再現実験は成功してしまった。

信玄発明説は眉唾としても、当時の雑兵《ぞうひょう》たちの腰に、呼ばれ方はさておき、何らかの即製味噌がぶら下がっていた可能性についてまでは否定できないようである。

一九三九年に刊行された『醤油及味噌』（深井冬史著）でも、陣立味噌の別名、一夜味噌の項に次のような記述がある。

一夜味噌の熟成期間は最も短く、一夜内外の短期間で出来る早造法である。その製造法は、先づ普通味噌の場合の如く、大豆を操作し、蒸熟または煮熟して一夜留釜とする。翌朝更に沸騰する程度に焚火し、直に臼《うす》に取出して搗き砕き、大豆一斗に対して米麹一斗、食塩五合を混入して更に良く搗き混ぜる。而して後団子に作り筵類に包み、約一日間成るべく温い場所に放置する。冷えた時に食塩を更に二合混合して食用に供するのである。

このレシピは巷間《こうかん》、陣立味噌として伝えられているものと酷似している。短時間で味噌を造る様々なノウハウが、昔の日本にはあったようである。戦国時代の雑兵たちも当然、そのスキルを持っていて、自分なりのやり方で造る陣立味噌を腰にぶら下げて、戦場を駆け回っていたのだろう。

戦場では味噌は一〇人で一日二合

信玄、政宗をはじめとする戦国大名たちが味噌づくりに力を入れ、雑兵たちも自分流の陣立味噌を作っていたのは、戦場では、味噌が米と並ぶ栄養補給源だったからだ。

『雑兵物語』では、一日分の食料として必要な分量を、

米、一人一日六合

塩、一〇人で一日一合

味噌、一〇人で一日二合

と計算している。

『訓蒙士業抄《くんもうしぎょうしょう》』でも大体同じくらいなので、当時、軍隊の一日分の配給量はこの辺りが相場だったのだろう。味噌の一人当たりの量は〇・二合（四〇ミリリットル弱）。重さは大体、四二グラムということになる。味噌汁一人前に使う分量が十八グラムくらいなので、朝夕の二食分プラスアルファの量が支給されていたということになる。

肉をあまり食べないため日本食にはたんぱく質が不足しがちであるが、味噌はそれを補ってあまりある。そもそも原料の大豆自体が豊富なたんぱく質を含有している上、発酵熟成の過程で四〇パーセントがアミノ酸化し、消化されやすくなっている。

明治時代、日本にやって来た、お雇い外国人の一人、エルヴィン・フォン・ベルツは人力車の車夫が、小兵ながら無限のタフネスを持っていることに驚嘆する。

「いつも何を食べているのか？」

そう聞いたところ、

「玄米のおにぎり、梅干し、それから味噌大根（大根の味噌漬けと思われる）の千切りと沢庵」

という返事だった。

ベルツは、ドイツ最先端の栄養学を応用すれば、さらに力を出すだろうと考え、車夫に肉中心の食事を与えた。

しかし、車夫は三日でダウン。

「お願いだから、元の食事に戻してください」

と懇願されたという。

伊能忠敬の偉業を支えたのも味噌

五六歳という当時としては高齢で、日本全国津々浦々を歩き、日本史上初の精密な地図「大日本沿海輿地《よち》全図」を作った伊能忠敬《いのうただたか》は、晩年は歯が一本しかなかった。奈良漬のような漬物も食べられず、毎日、豆腐と蕪《かぶら》、なめ味噌だけで過ごしていたそうだ。それで、多い時は一日約四〇キロを歩く生活を十七年も続けた。忠敬の超人的な業績は、味噌の滋養によって支えられていたのである。

たんぱく質やアミノ酸という言葉は知らなくても、先人たちは経験から、味噌が持つ栄養、効能をよく分かっていた。諺《ことわざ》にも「生味噌は腹の妙薬」「味噌汁一杯三里の力」「味噌汁は朝の毒消し」「味噌汁の医者殺し」などがある。

豆味噌が大好きな家康

戦国時代でも「味噌が切れれば、米なきよりくたびれるものなり」と言われ、過酷な戦場の栄養源として米よりも重視される風があった。

その味噌を最も上手に利用した武将は誰かと言えば、徳川家康《いえやす》だと思う。

岡崎城から西へ八丁（約八七〇メートル）行ったところに位置する八丁村（現八帖町）で、八丁味噌という名物味噌が生まれた。八丁味噌という名称は江戸時代になってからだが、今もなお〝カクキュー〟と〝まるや〟という二つの老舗が頑張っている。

ちなみに、カクキューを経営する早川家の始祖・新六郎勝久は、もともと今川家に仕える武将だったが、桶狭間で義元が敗死したことをきっかけに、武士をやめ岡崎に落ち延び、味噌造りを始めたという。

先述の通り、家康の出身地、三河は豆味噌文化圏である。

豆味噌は大豆しか使わないため、たんぱく質含有量が味噌のなかで最も多い。

朝鮮半島から高麗人がもたらしたと伝えられる豆味噌の製造法はユニークで、『聞き書愛知の食事』によると、松平家がかつて拠点にしていた安城《あんじょう》の家庭では、次のような製法で造られていた。

まず大豆を、指ではさんでつぶれるくらいの柔らかさになるまで煮る。その後、ざるに取り上げ水を切ったら、臼にあけ、杵《きね》で豆を八分までつぶす。そして、桶に移して団子状にまとめるが、この団子を味噌玉と呼ぶ。味噌玉には棒で穴を開け、二、三日乾かした後、この穴に縄を通して、風通しのよい場所に吊るす。二か月くらいすると、白い花と呼ばれる、かびが咲くので、仕込みにかかる。味噌玉を洗って汚れを取った後、槌《つち》か杵で砕き、桶に塩を間に入れながら四回くらいに分けて移す。水を加えてかき混ぜ、一昼夜置いてから、味噌の表面にふたをするように塩をした後、三河木綿《もめん》をかぶせ、その上に中ぶたを重ねて、重石を置く。味噌蔵に二年ほど寝かせて出来上がりである。

八丁味噌の熟成蔵。木桶の上に石積みが見える。カクキューの味噌蔵見学にて

工場に見学に行った際、巨大な樽一つで六トンの味噌が仕込まれると説明された。味噌汁にすれば三〇万人分、一人の人間が毎日食べて八〇〇年もつ量だという。この木桶一つあれば、一万人の軍隊が一〇日食いつなげるということになる。

木桶の上の石積みは今でもすべて人力で行われていて、重量は三トン。熟成が進むにつれ、味噌の表面は下にさがっていくが、その際、石積みは形を崩さず、重みも均等にかかるように保つ必要がある。それを見越して、石が積めるようになるには熟練の技術が必要で、一〇年以上修業してやっと身に付けられるのだという。

また、豆味噌は他の味噌と比較して醸造期間が長く、二年以上寝かせてから出荷するということだった。

家康存命の頃の、味噌の醸造はもっと小規模だったはずだが、製造法は大体同じであっただろう。石積みといい、醸造期間といい、豆味噌は随分手間暇がかかり、即製の糠汰味噌とは違う。家康はこの豆味噌が大好きで、鷹《たか》狩りの時などは、麦飯のおにぎりと焼き味噌、もうそれだけであとは何もいらないという人だった。

家康の天下統一を支えた味噌

粗食をする人にも、食べ物にまったくこだわりがない人と、こだわりがあるあまりにそうなる人の二通りがあるが、家康は後者だったように思える。そもそも、前者は自身の身体を顧みないタイプの人間がなるものだが、家康は生涯健康に恵まれたうえ、運動大好きな人物である。

今でいえば、ジム通いや登山が趣味の人が、マクロビオティックに至るように、家康も兵法、乗馬、水練と、己の身体との対話を繰り返した結果、麦飯と焼き味噌にたどりついたのだ。

家康には、白米にのせた麦飯を減らした近習（主君の側近くに仕える者）を叱責したエピソードが残っているが、家康にしてみれば「好きでやっているのにいらん気を遣いやがって」と腹立たしかっただろう。

家康の味噌好きは将軍家に受け継がれ、文政八年（一八二五）三月、幕府が朝廷の使者をもてなした際の料理も「味噌汁」「敷味噌」「味噌漬人参」「味噌漬なたまめ」「味噌漬あいなめ」「刺身酢味噌」と味噌尽くしである。

家康にあやかって麦飯のおにぎりと八丁味噌の焼き味噌を作ってみた

カクキューの八丁味噌を買って帰り、シャモジに薄く塗ったものをあぶってみた。

ぷんと香ばしい味噌の香りがただよい、いやが上にも食欲をそそる。焦げ目が少しついたものを、麦飯のおにぎりと一緒に食した。

味噌はそれ自体の栄養もさることながら、共に食べるものの消化を促進する効能もある。食文化史研究家の永山久夫によれば、味噌一グラムのなかには生きた酵母菌や乳酸菌、麴菌などが、一〇〇万から一〇〇〇〇万も含まれているという。これらの菌が、米のデンプンと結びつき、消化を助けてくれるのだ。

そんな理屈はさておいても、米と味噌はよくあう。

味噌のなかでも八丁味噌はうまみが強烈で、独特の渋味もあるのだが、それが却って米の甘味を引き立ててくれる。米と味噌が絡み合いながら、胃の腑に落ちると、両者一体となってぼっと燃え立つようだった。

ちなみに、これも永山久夫が書いていることだが、男性の精子の固形成分の八〇パーセントを占めるアルギニンというアミノ酸は、米と大豆に豊富に含まれている。家康は六六歳で子供を作っているが、その精力の源は「麦飯おにぎりと焼き味噌」だったのだ。生涯を通じて、せっせと励み、十六人もの子供を作ったおかげで、御三家をはじめとする、強力な藩屏《はんぺい》を築きあげることができた。味噌は家康に健康と長命をもたらしたのみならず、未来の世代を築く基ともなったのだ。

家康に天下を取らせ、その平和を三〇〇年近く保たせた源は、まさに味噌の力だったのである。

あとがき

今年（令和元年）九月、徳川家康生涯の危機と言われる伊賀《いが》越えに、徒歩でチャレンジしてみた。

ルートは、信長の横死を知ったといわれる大阪の飯盛山西麓から、岡崎へ向けて船出した三重の白子浜まで。戦国飯の一つで一粒食べれば二、三日は空腹を感じないといわれる兵糧丸《ひょうろうがん》と、本書でも取り上げた糒《ほしいい》を携えてである。

その旅の詳細はまたどこかで書く機会があると思うが、結果だけ言うと惨敗だった。残暑の厳しさもあり、途中でへたばってしまったのだ。情けないことに、所々公共交通機関の力を借りることになった。

白子浜の潮風に敗残の身を預け、激痛が走る足をいたわりながら、戦国を生きた人々の恐るべきバイタリティを思った。

伊賀越えの日程には諸説あるが、一番有力な二泊三日説だと、近江《おうみ》の小川城から伊勢の白子までの約七〇キロの道のりをたった一日で駆け抜けている。無論、平坦な道のりではない。名にし負う加太峠《かぶととうげ》を越え、地侍《じざむらい》の襲撃を退けながらの旅である。

甘々のスケジュールを組んだはずなのに、達成できなかった私は、彼らのフィジカル、そして意志の強さに感服するほかなかった。

武将たちの「強さ」の秘密を探ろうと始めた、戦国時代の食を巡る旅だが、その頂に辿り着いたというよりは、むしろその遥かな高さを仰ぎ見るだけで終わってしまったのかもしれない。

それにしても、伊賀越えの旅を終えた後、四日市で食べた焼肉の美味しさといったら……こと、食に関して言えば、現代日本は天国のような場所である。まっしろな米を牛肉とともにかき込みながら、この平和が永遠に続くことを願った。

本書の執筆にあたっては、参考文献にあげた先達の研究者の方々はもちろん、さまざまな人のサポート・助言をいただいた。鹿児島大学、焼酎・発酵学教育センターの高峯和則博士、宝ホールディングス歴史記念館管理室長・山崎耕太氏、元宝酒造酒類研究所所長の高山卓美氏、日本酒造組合中央会様、ケップルス氏、富山県農林水産総合技術センター育種課長・小島洋一郎氏。お忙しいなか、私の要領を得ない質問、わがままな依頼に誠実に対応してくれた研究者、生産者の方々に、深甚なお礼を申し上げる。

アップルシード・エージェンシーの栂井理恵氏のご尽力がなければ、この企画はそもそも実現することはなかった。感謝に堪えない。担当の集英社インターナショナル・土屋ゆふ氏には、執筆中、叱咤激励をいただき、無事ゴールまで導いてくれた。ありがとうございます。

また、私のつたない手並みに黙っておれず、庖丁の握り方から、小麦粉のこね方まで指導し、スパルタではあったが、常に的確なアドバイスをしてくれた妻に、何よりの感謝をささげる。

二〇一九年一二月吉日

黒澤はゆま

参考文献／参考論文

・人見必大『本朝食鑑』1・5　島田勇雄訳注　平凡社　一九七六・一九八一
・「翁草」(『日本随筆大成』)吉川弘文館　一九九六
・『雑兵物語』中村通夫・湯沢幸吉郎校訂　岩波書店　一九四三
・喜田川守貞『近世風俗志』岩波書店　一九九六
・木村高敦『続武家閑談』
・『毛吹草』新村出校閲・竹内若校訂　岩波書店　一九四三
・湯浅常山『常山紀談』上・中・下　森銑三校訂　岩波書店　一九三八・三九・四〇
・永山久夫『たべもの戦国史』河出書房　一九九六
・福嶋紀子『赤米のたどった道：もうひとつの日本のコメ』吉川弘文館　二〇一六
・渡部忠世『稲のアジア史〈3〉』小学館　一九八七
・猪谷富雄・小川正巳『赤米の博物誌』大学教育出版　二〇〇八
・佐藤洋一郎『稲の日本史』KADOKAWA　二〇一八
・佐賀市史編さん委員会編『佐賀市史』一九七七
・石毛直道『日本の食文化史』岩波書店　二〇一五
・武井弘一「近世の百姓と米―金沢平野を事例に」二〇一一
・相川司『井伊一族―直虎・直政・直弼』中央公論新社　二〇一六

・名古屋市博物館編『豊臣秀吉文書集　5：天正19年～文禄元年』吉川弘文館　二〇一五
・「葉隠原文Ｗｅｂ」（葉隠原文Ｗｅｂ著、http://hagakure-text.jp/）
・佐藤虎雄「経済史的にみたる上代牧馬」一九五四
・坪井洋文『イモと日本人　民俗文化論の課題』未來社　一九七九
・坪井洋文『稲を選んだ日本人』未來社　一九八二
・『現代語訳　雑兵物語』かも　よしひさ訳　筑摩書房　二〇一九
・橋本征治『海を渡ったタロイモ―オセアニア・南西諸島の農耕文化論』関西大学出版部　二〇〇二
・富山和子『日本の米―環境と文化はかく作られた』中央公論社　一九九三
・海音寺潮五郎『武将列傳（6）』文藝春秋　一九七七
・陸軍糧秣本廠編纂『日本兵食史』糧友會　一九三四
・「つれづれ化学草子　乾飯の巻」（山田暢司編、http://www.rakuchem.com/sosi_kareii.htm）
・砂原浩太朗「立花宗茂～関ヶ原の敗北から返り咲いた唯一無二の武人」https://serai.jp/hobby/350362
・下仲一功「乾飯〈かれいひ〉のはなし―『伊勢物語』東下りと道明寺糒〈ほしいひ〉―」数研出版「つれづれ」32号　二〇一七
・金子空軒・北村台水編『武人百話』帝国軍事協会出版部　一九一二
・稲垣栄洋『雑草キャラクター図鑑』誠文堂新光社　二〇一七
・丸島和洋『真田四代と信繁』平凡社　二〇一五
・新歴史群像シリーズ『真田三代』学研プラス　二〇〇七

・平山優『戦国大名と国衆』KADOKAWA　二〇一八
・青柳正規『興亡の世界史　人類文明の黎明と暮れ方』講談社　二〇一八
・小泉武夫『銘酒誕生―白酒と焼酎』講談社　一九九六
・玉村豊男『焼酎・東回り西回り　酒文選書』TaKaRa酒生活文化研究所　一九九九
・『焼酎の基』日本酒サービス研究会・酒匠研究会連合会　二〇一二
・稲垣真美『現代焼酎考』岩波書店　一九八五
・坂口謹一郎『日本の酒』岩波書店　二〇〇七
・吉田元『日本農書全集　第51巻　農産加工　2』農山漁村文化協会　一九六九
・真田宝物館「真田宝物館だより　六連銭　第40号」二〇一八
・鮫島吉廣「本格焼酎製造方法の成立過程に関する考察」一九八九
・高峯和則「本格焼酎の化学」二〇一六
・戸井田克己「壱岐の焼酎」二〇一一
・小泉武夫「焼酎の伝播の検証と、その後に於ける焼酎の技術的発展」二〇〇九
・米元俊一「世界の蒸留器と本格焼酎蒸留器の伝播について」二〇一七
・イザベラ・バード『イザベラ・バードの日本紀行』時岡敬子訳　講談社　二〇〇八
・山田仁史『いかもの喰い―犬・土・人の食と信仰』亜紀書房　二〇一七
・山内昶『ヒトはなぜペットを食べないか』文藝春秋　二〇〇五
・原田信男『歴史のなかの米と肉』平凡社　二〇〇五

・原田信男『神と肉』平凡社　二〇一四
・吉田元『日本の食と酒』講談社　二〇一四
・「日本人と食肉」公益財団法人日本食肉消費総合センター
・川崎惣一「「食べること」についての哲学的試論　人間と自然との関わりという観点から」二〇一四
・松尾雄二「文献にみる長崎の江戸時代初期以前の牛肉食について」二〇一三
・松尾雄二「文献にみる江戸時代の牛肉食について」二〇一四
・松尾雄二「文献にみる牛肉料理について」二〇一三
・ルイス・フロイス『ヨーロッパ文化と日本文化』岡田章雄訳注　岩波書店　一九九一
・イエズス会『イエズス会日本年報』村上直次郎訳　雄松堂　二〇〇二
・ジョアン・ロドリーゲス『日本教会史』佐野泰彦ほか訳　岩波書店　一九六七
・ジョン・セーリス『セーリス日本渡航記・ヴィルマン日本滞在記』アーネスト・メーソン・サトウ著、村川堅固・尾崎義訳　丸善雄松堂　一九七〇
・ルイス・フロイス『完訳フロイス日本史』松田毅一・川崎桃太訳　中央公論新社　二〇〇一
・鴨川達夫『武田信玄と勝頼』岩波書店　二〇〇七
・『信長研究の最前線』日本史史料研究会編　洋泉社　二〇一四
・石毛直道『麵の文化史』講談社　二〇〇六
・木村茂光『雑穀Ⅱ　粉食文化の可能性』青木書店　二〇〇六
・芳賀登・石川寛子『日本の食文化　第三巻　米・麦・雑穀・豆』雄山閣　一九九八

・石毛直道『日本の食文化史』岩波書店　二〇一五
・山梨県『山梨県史　民俗編』山梨日日新聞社　二〇〇三
・飯田文弥・笹本正治・齋藤康彦・秋山敬『山梨県の歴史』山川出版社　二〇一〇
・丸島和洋『郡内小山田氏―武田二十四将の系譜』戎光祥出版　二〇一三
・平山優『武田氏滅亡』ＫＡＤＯＫＡＷＡ　二〇一七
・笹本正治『戦国大名の日常生活』講談社　二〇〇〇
・笹本正治『武田信玄』中央公論社　一九九七
・『百姓伝記』下　古島敏雄校注　岩波書店　一九七七
・『未完随筆百種』第9巻　三田村鳶魚編　中央公論社　一九七六
・『聞き書　山梨の食事』日本の食生活全集19　福島義明他編　農山漁村文化協会　一九九〇
・野田泉光院『日本九峯修行日記』杉田直　一九三五
・『斉民要術』田中静一・小島麗逸・太田泰弘編訳　雄山閣　二〇一七
・香山聰「甲州名物　ほうとうと甲州味噌」一九九二
・『聞き書　愛知の食事』日本の食生活全集23　星永俊他編　農山漁村文化協会　一九八九
・『戦国武将　ものしり事典』奈良本辰也監修　主婦と生活社　二〇〇〇
・小泉武夫『醬油・味噌・酢はすごい　三大発酵調味料と日本人』中央公論新社　二〇一六
・永山久夫『戦国の食術』学研パブリッシング　二〇一一
・『味噌沿革史』全国味噌工業協会　一九五八

・『味噌大全』渡邊敦光監修　東京堂出版　二〇一八
・河原信三『信玄とその一党』古今書院　一九五七
・『信州味噌の歴史』長野県味噌工業協同組合連合会　一九六六
・深井冬史『醬油及味噌』太陽閣　一九三九
・『微細郷土研究』山梨県女子師範学校編　山梨県女子師範学校　一九三七
・『日本兵食史』下　陸軍糧秣本廠編纂　有明書房　一九八七
・『日葡辞書』大塚光信解説　清文堂　一九九八
・「初冠」竹馬吟社　一九二〇
・長野県味噌工業協同組合連合会「信州みそラボ」http://www.shinshu-miso.or.jp/know/
・北杜市「北杜市の地蔵（1）～（5）」https://www.city.hokuto.yamanashi.jp/docs/1494.html

黒澤はゆま《くろさわ はゆま》

歴史小説家。一九七九年、宮崎県生まれ。著書に『劉邦の宦官』（双葉社）、『九度山秘録』（河出書房新社）、『なぜ闘う男は少年が好きなのか』（KKベストセラーズ）がある。好きなものは酒と猫。作家エージェント、アップルシード・エージェンシー所属。

インターナショナル新書〇四八

戦国《せんごく》、まずい飯《めし》！

二〇二〇年二月一二日 第一刷発行

著者 黒澤《くろさわ》はゆま
発行者 田中知二
発行所 株式会社 集英社インターナショナル
〒一〇一-〇〇六四 東京都千代田区神田猿楽町一-五-一八
電話 〇三-五二一一-二六三〇
発売所 株式会社 集英社
〒一〇一-八〇五〇 東京都千代田区一ツ橋二-五-一〇
電話 〇三-三二三〇-六〇八〇（読者係）
〇三-三二三〇-六三九三（販売部）書店専用
装幀 アルビレオ
印刷所 大日本印刷株式会社
製本所 大日本印刷株式会社

 ISBN978-4-7976-8048-5 C0221

インターナショナル新書

036
三河吉田藩・お国入り道中記
久住祐一郎

古文書から読み解く参勤交代のリアル！ 集合は真夜中！ 道中で殿様が死んだら？ 食事と宿はチケット制！ 江戸に旅行代理店？ 磯田道史氏推薦。

045
新説 坂本龍馬
町田明広

龍馬は薩摩藩士だった!? 亀山社中はなかった？など、最新の知見が満載！ 歴史学者が史料を基に、坂本龍馬の実像に迫る。

046
書くための文章読本
瀬戸賢一

単調になりがちな日本語の文末。文末が豊かになれば、文章全体が劇的に改善する。その実践的技巧を示した、本当に役に立つ文章読本！

047
対論！ 生命誕生の謎
山岸明彦
高井 研

生命が生まれたのは、海か陸か？ まったく異なる説を唱える二人の学者が、生命の起源や進化の謎について激しく論じ合い、生命の本質を明らかにする。

049
日本語力で切り開く未来
斎藤 孝

現代人が操る日本語の奥底には、先人たちの一流の日本語力が眠っている。日本語力を目覚めさせ、あなたの未来を切り開く極意がここにある。